ヤマケイ文庫

未完の巡礼

冒険者たちへのオマージュ

Kaminaga Mikio
神長幹雄

Yamakei Library

未完の巡礼　冒険者たちへのオマージュ　目次

はじめに　六つの旅の物語……6

植村直己　時代を超えた冒険家……11

南極横断の夢／「ウエムラ遭難」か―／「但馬人」の気質／北極圏一万二〇〇〇キロの旅／最北の村、シオラパルク／日常生活のなかの犬ゾリ／アラスカ、旅の最終到達地

長谷川恒男　見果てぬ夢……73

一人歩きしだした「ハセツネ」／団塊の世代／アルプス三大北壁冬季単独初登頂／ヒマラヤ初登頂への思い／遺志の継承／フンザへ、祈りの旅／サムライ・スピリット

星野道夫　生命へのまなざし……133

遠くを見る目／写真家と文章家／再生への試み／シシュマレフとクリフォード／ワンダー・レイクとデナリ

山田昇　十四座の壁……193

ヒマラヤへの熱い思い／冬のアンナプルナ南壁／日本人初の十四座登頂へ／「山田遭難か」／憧れのマッキンリー登山

河野兵市　リーチングホーム……253
海に開けた半島／広がる「人の輪」／サハラ砂漠から北極へ／北極点単独徒歩到達と「リーチングホーム」／ミカン畑の続く半島

小西政継　優しさの代償……303
「鉄の集団」山学同志会／不撓不屈の精神／中高年のヒマラヤ登山／マナスルに消えた小西／花のケルモカルカ／巾着田の満開のサクラ

あとがき……362
解説　時代と人間への挽歌　角幡唯介……366
参考文献……378

はじめに　六つの旅の物語

「山は逃げる」という表現がある。就職や結婚、育児など社会生活を送るうえで制約が増え、つい山から足が遠のいてしまう危機感を表現したものだ。しかし同時に、「中高年」といわれる年齢に達して、次第に体力の衰えを意識し、山登りに自信が持てなくなってくると、再び直面する言葉でもある。

私も六十歳になって定年を迎え、なお仕事に忙殺されていたとき、「山は逃げていく」という焦燥感にかられたことがあった。そのとき行かなくては必ず後悔すると思っていた山が、アラスカのデナリであり、アルプスのオートルート（シャモニからツエルマットまでのスキー縦走）であった。幸い二〇一一年六月、六十一歳でデナリへ挑み、その二年後、六十三歳のときオートルートへの旅を実現させることができた。さらに一四年から毎年、アラスカやグリーンランド、カラコルムへと旅を重ねてきた。こうした旅の原動力となったのが、一九七〇年代後半から八〇年代にかけて活躍した旧知の登山家や冒険家の人たちだった。

この時代のヒマラヤ登山は隆盛を極めていた。八〇〇〇メートル峰、無酸素、少人数のアルパイン・スタイル、そして厳寒の冬季登頂まで、登山隊はヒマラヤへ、カラコルムへと、登頂の栄誉を担って立ち向かっていった。まさに「より厳しく、より困難を求めて」、アルピニズムの躍動が感じられたころだった。一方、冒険家も極地や大河、砂漠で、厳しい条件を課してみずからの限界に挑戦していった。

もっとも植村直己らしい冒険といわれた北極圏一万二〇〇〇キロの犬ゾリ単独踏破。登頂直前で、ナンガ・パルバットのルパール壁に阻まれた長谷川恒男。アラスカの雄大な自然を写真と文章で表現した星野道夫。さらに山田昇は八〇〇〇メートルという高所で抜群の強さを発揮し、河野兵市は北極点に単独徒歩で到達した。そして小西政継もエベレストの無酸素登頂直前の南峰まで到達していた。だれもが時代に輝いて見えた。私は、長年にわたって山岳雑誌や山岳書の編集にかかわっていたので、彼らを取材し、当時の話を直接聞ける幸運に恵まれていた。どの話も、とても刺激的で興味深い内容だった。

しかしいよいよこれからというときに、彼らは志半ばでヒマラヤの高峰や極地に逝ってしまった。

あれから三十年、時代は潮が引くように減速していった。社会の活気、人びととの心に溢れていた進取の気性はいつしか失われていった。バブル崩壊後の阪神・淡路大震災、オウム真理教事件、そして東日本大震災。次から次へと、大きな事件や災害が起きていた。そんなとき、記憶の底からよみがえってくるのが、登山家や冒険家たちと彼らの生きた「時代の輝き」だった。

しかし、彼らの輝かしい実績もやがて時間の経過とともに忘れられていくだろう。多くの著作を残し、映像や映画で記憶をたどれる人もいるが、やはり「山は逃げていく」。若いころ、山に抱いていたのと同じ危機感——。人は、そのときにしかできない旅がある。そうした思いもあって、私は彼らの足跡を訪ねる旅に出ることにした。

植村直己は、グリーンランドのシオラパルクとアラスカのコツビュー、タルキートナへの旅を、長谷川恒男は、カラコルムのフンザへの旅を、星野道夫は、アラスカのシシュマレフへの旅を、山田昇は、アラスカのデナリへの旅を、河野兵市は、生まれ故郷である愛媛県・瀬戸町への旅を、そして小西政継は、登頂後消息を絶ってしまったネパール・マナスルへの旅をトレースすることにした。

その多くが、辺境とか僻遠の地と呼ばれる地域に住む人びとを訪ねる旅でもあった。どこも粗削りの厳しい自然にさらされている地であり、だからこそ人びとは寄り添うように暮らしていた。彼らは自然を畏怖し、どこまでも慎ましく謙虚だった。

一方、かけがえのない自然の素晴らしさを体感できた旅でもあった。息をのむような光景に幾度巡り合えたことだろう。

小型飛行機は高速で何十分も飛んでいるのに、眼下に広がるアラスカのツンドラと蛇行する大河は、まったく変わらず微動だにしないかのようだった。えんえんと続くグリーンランドの氷原と氷床は、手つかずの自然の美しさを実感させてくれた。デナリは雄大で神秘的な輝きを放ち、神々の座といわれるヒマラヤの高峰は言葉を失うほど崇高で神々しかった。

こうして二〇一一年からはじまった旅は一七年まで断続的に続き、登山家や冒険者たち、そしてそこに暮らす人びとに多くのことを教えられた旅でもあった。

こうした旅ができたからこそ、私は「六つの旅の物語」を綴ることができ、彼らの事跡を記憶にとどめることができたのである。

植村直己

時代を超えた冒険家

植村直己（うえむら・なおみ　1941年～84年）

兵庫県豊岡市生まれ。登山家、冒険家。明治大学卒業後の64年、4年間の世界放浪の旅に出て帰国。70年5月、エベレスト日本人初登頂。世界初の五大陸最高峰単独登頂者となる。極地では、76年北極圏1万2000キロ単独犬ゾリ走破、78年北極点単独到達ののち、グリーンランド単独縦断。厳冬のデナリで遭難。

南極横断の夢

記憶とは不思議なもので、なにかの折に強く印象づけられると、遠い昔の出来事でもしっかりその片鱗をとどめていることがある。「あの植村さんでも」というか、いまから考えると「あの植村さんだからこそ」と言えるような彼の発言も、私の記憶の底にしっかり刻みつけられている。

たしか私が山と溪谷社に就職したばかりのころだったと思う。自宅で何気なくテレビのニュースを見ていたときだった。

ちょうど植村直己が北極圏一万二〇〇〇キロにおよぶ単独犬ゾリの走破を終え、妻の公子《きみこ》とともに羽田空港に降り立ったときのことである。大勢の記者たちに迎えられてフラッシュを浴びながら、植村は恥ずかしそうにタラップの下でこうインタビューに答えていた。

「自分だけが社会からドロップアウトして、勝手なことばかりしているようで気がひけるんです」

まさに前人未踏の冒険をなしとげ、そのときは「凱旋帰国」したような騒ぎだったであろう。ところが、騒がれれば騒がれるほど植村は逆にますます恐縮してしまうのだ。

「周りの人たちは実社会で経験を積んでいるのに、ぼくだけが取り残されているような、そんなどうしようもない焦りを感じます」

植村は、一九七四年十二月二十九日、グリーンランドのヤコブスハウンを出発。北部カナダへ渡りビクトリア島ケンブリッジ・ベイで越夏のために半年滞在したのち、さらにアラスカの北極海沿岸を走破し、コッツビューに到達したばかりだった。じつに一万二〇〇〇キロ、といってもまったく実感は湧かないが、犬ゾリで走り抜き、約一年半ぶりの帰国となる。それまでエスキモーと生活を供にして身につけてきた入念な準備といい、苦難に耐えながら犬ゾリを走破させてきた粘り強さといい、もっとも植村らしい冒険と賞賛され、「世界のウエムラ」の名を不動のものとした。

「グリーンランドを出発するときは、とても一万二千キロを走り抜き、アラスカのコッツビューに着くとは思わなかった。恥ずかしいが、自分なりによくやったと思う」(「毎日新聞」一九七六年五月十七日朝刊)

のちの記者会見でそんな素直な喜びの談話を残していたが、しかし、帰国早々、実社会への不安、焦りも語っていたのだ。

「あの植村さんでさえ、そんな焦りを……」

私の正直な驚きである。一九七六年といえば、ロッキード事件に揺れ、当時の田中角栄首相が東京地検によって逮捕、起訴された年である。高度経済成長が一段落したとはいうものの、景気の動向は安定して上向きだったはずだ。世のサラリーマンは実業の世界で着実に成果を上げつつあり、また社会全体にも余裕の感じられる時代だった。だから植村も冒険の世界で、極地への夢を紡ぎながら実績をひとつひとつ積み上げてこられたのだ。

その植村が「実業の世界」に焦りを感じるという。あれだけのことをしたのだから、当然、実業の世界に見切りをつけ、次の冒険に向かって邁進するものと思っていた。ところが世間に申し訳が立たないと、恥じ入ってしまうのだ。いかにも植村らしい、いやあまりに植村らしい話ではないだろうか。

万事控えめでありながら、こうと思い込んだら粘り強く実行に移す「但馬人《たじま》」の面目躍如たるものがあるが、それはまたのちにふれることにしよう。

植村は、一九四一年、兵庫県城崎郡国府村（現・日高町）に七人兄弟の末子、五男として生まれた。小学生のとき実家の但馬牛を近くの円山川《まるやま》へ連れていき、草を食《は》ませることを日課にしていたという。忍耐力があって粘り強くなければ、続けられない仕事だった。中学校ではバレーボール部に所属し、円山川での川遊びに熱中する、どこにでもいる少年だった。

その植村が、一九六〇年、明治大学農学部に入学し、同時に山岳部に入部することによって一気に新しい世界に目を開かされることになる。五月の新人歓迎山行で最初にバテたものの、以後、発憤して独自のトレーニング法を編み出し、年間一二〇日から一三〇日、山に入り、三年生でサブリーダーとして認められたのだ。そのころから海外への志向、憧れがいちだんと強くなり、六四年五月、大学卒業後も定職につかないまま、放浪の旅へ発《た》つのである。

それからの植村の軌跡は、自らの初めての著書『青春を山に賭けて』(毎日新聞社)をはじめ評伝、ノンフィクションなど多数の関連図書からうかがい知ることができる。ここでは、『マッキンリーに死す』(講談社)で植村を描いたノンフィクション作家の長尾三郎による、彼の冒険行動を大きく四つの時代、八つの冒険に分類した記述から簡単に振り返ってみよう。

まず「放浪の時代」。一つ目の冒険「放浪の旅」は、一九六四年五月二日、移民船アルゼンチナ丸で日本を出発するところから始まる。所持金はたったの一一〇ドル

1970年5月11日、日本人として初めてエベレストに登頂した植村直己（写真提供＝毎日新聞社）

（約四万円）。肉体労働などのアルバイトをしながら旅を続け、北アメリカ、ヨーロッパ、アジア、アフリカ、南アメリカと五大陸、一六〇〇日におよぶ世界放浪の旅となった。二つ目の冒険「アマゾン河筏《いかだ》下り」がそれに続く。源流に位置するユリマグアスを出発して約六〇〇〇キロ、河口まで二カ月を要したスリリングな筏下りだった。

「栄光の時代」で、三つ目の冒険「エベレスト登頂」が続く。日本山岳会の登山隊に参加、第一次アタック隊員に指名されて、一九七〇年五月十一日、日本人として初めて松浦輝夫とともにエベレストの頂上に立った。その後、北米最高峰マッキンリー（デナリ）にも登り、「放浪の時代」に登っていたヨーロッパ最高峰モン・ブラン、アフリカ最高峰キリマンジャロ、南米最高峰アコンカグアとともに、当時、世界で初めての五大陸最高峰登頂者となった。

「極地の時代」は、冒険の座標軸を「垂直から水平へ」移し、南極大陸三〇〇〇キロの単独横断を新たな目標として意識しはじめる。その距離は日本列島の北端から南端までとほぼ同じ。そこで四つ目の冒険「日本縦断三〇〇〇キロ徒歩行」の挑戦へ。北海道の稚内から鹿児島まで、明け方から夕暮れまで雨の日も休まず五十二日間をかけて歩き通した。五つ目の冒険「北極圏一万二〇〇〇キロ単独犬ゾリ走破」は、グリーンランドでの極地生活と犬ゾリ技術をマスターして、一万二〇〇〇キロを単独で走破

1978年3月、世界初の北極点単独犬ゾリ行へ。乱氷帯を突破する植村直己（写真提供＝文藝春秋）

した。六つ目の冒険「北極点・グリーンランド縦断単独犬ゾリ走破」は、一九七八年四月二十九日に北極点に到達。そのままグリーンランド縦断に出発し、三〇〇〇キロを走破して、一〇三日目に目的地ヌナタックに到着した。

しかしその後、厳しい試練のときである「挫折の時代」を迎え、七つ目の冒険「厳冬期エベレスト登山」も八つ目の冒険「マッキンリー冬季単独初登頂」も、ともに破綻してしまう。

こうして植村の冒険の軌跡を俯瞰してみると、行動を起こさずにはいられない貪欲さの一方で、遠慮している場合ではないという逼迫した思いにつき動かされている。

一九七一年、山学同志会の小西政継に誘われて厳冬期のグランド・ジョラス北壁登攀に挑み、登頂には成功するものの、嵐につかまり凍傷によって隊員六人のうち五人が計二十一本もの手足の指を失ってしまう。二月にはエベレスト国際隊に参加し献身的に荷上げに励んだものの、各国隊員らのエゴから国際隊は空中分解してしまう。しかもインド隊員の墜落死が追い打ちをかける。

「やっぱり、なにかが違う」

植村はそう思ったはずだ。このふたつの登山を契機にして、植村は単独への思いを

北極点へ向け、犬ゾリは快調に走った（写真提供＝文藝春秋）

強くする。組織による登山隊をことさら敬遠していたわけではないのだが、どうしても人のよさが自らの行動に規制をかけてしまうのだ。

そして相前後するように、南極横断を意識しはじめる。さらに行動の軸を山岳から極地に移す。まだ萌芽だった南極横断の夢を大切に育て上げて、やがて究極の目標としてイメージするようになる。しかも南極と単独が矛盾することなく結合する。組織で行なう登山にいささか辟易《へきえき》し、国家レベルの冒険でありながら単独で挑戦できる痛快感を敏感に感じ取っていたにちがいない。好むと好まざるとにかかわらず、組織への献身、他者への気遣い、そして控えめな行動、こうした植村のプラス特性が阻害されることなく、単独で行動することによって、自らに内包された呪縛からも解放されると考えたからだろう。自分ひとりの行動だけに責任を持つことの心地よさと、思う存分自由に動けることへの解放感——。「放浪の時代」と同質の懐かしい匂い、「極地の時代」の南極と単独へのこだわりが明確に意識され、甘美な高揚感をともなってよみがえってきたにちがいない。植村のいちばん幸せな時期だった。

「ウエムラ遭難」か——

ちょうどそのころ、北極圏での一連の冒険が一段落した一九八〇年五月十七日、山と溪谷社創立五十周年記念「山の講演会」が、東京・有楽町の朝日ホールで開かれた。演者は南極越冬隊長の西堀栄三郎、アルプス三大北壁女性初登頂の今井通子《みちこ》、そして植村直己の三氏で、会場は溢れんばかりの聴衆でにぎわっていた。私はまだ駆け出しの編集部員として、会場の整理や録音の手配などを担当していた。あいさつだけでもと、先輩の編集部員について控え室に行くと、植村は白のワイシャツにストライプの入ったネクタイ姿で控え室に座っていた。

「あの植村さんがいる」

直接会って話ができる。高ぶる気持ちを抑えて、おそるおそるあいさつをした。

「あ、あのー、こんど、ヤマケイの編集部に入りました神長と申します。どうぞよろしくお願いします」

「あっ、こちらこそよろしく。おもしろい雑誌作りに励んでください」

ほんのひと言、ふた言だったが、初対面で優しく声をかけてくれ、大きな励みになったことを覚えている。それも話に聞いていたとおり、腰の低い、とても丁寧な対応をしてくれた。第一印象は、まるでどこかのきまじめな会社員といった感じだった。

講演は「北極から山へ」というテーマで、冬のエベレスト計画、アマゾン河の筏下り、南極への夢と日本列島縦断、そして北極圏での単独犬ゾリ走破と続き、再び冬のエベレストで締めくくられた。ここでも南極への夢が語られる。

〈山でできたんだから、という気持ちが自分の中にだんだんわいてきました。そして、極地にパッと夢を持つようになったのです。山とは全く縁のない所ですが、南極を犬ゾリで走ってみたいな、と思ったのであります。(略)自分の目で南極を見てみよう、そういう気持ちがわいていったようなものでもありますし、南極を自分の目で見てしまいますと、もう直感ですが、何かできるんじゃないか、そういう感覚に変わっていくのです〉(『山と溪谷』一九八〇年十月号)

しかし、一九八二年一月、念願の南極へ向けてアルゼンチン基地に入ったものの、四月にはフォークランド紛争が勃発したために、南極大陸三〇〇〇キロ犬ゾリ横断の夢は一時頓挫してしまう。このときばかりは、植村にしては珍しく行動が控えめで遠慮がち、まったく他人任せにしていたような節がある。

そのころの私は、雑誌編集者の端くれとしてなんとか仕事はこなしていたが、声をかけようにもすでに植村は雲の上の人といった感じで、独自の接点もつかんでいなかった。しかも南極行きの夢が挫折したばかりとあっては、私からどう声をかけられただろうか。明治大学山岳部で植村の一年下だった、節田重節という上司の編集長もいたが、そのときは遠慮と少しばかりの意地があったためか、取り次いでもらおうとは考えなかった。

そんな折、次に植村と会ったのは、あるパーティの会場でのことだった。日時や場所は失念してしまったが、東京の大きなホテルだったと思う。私から近づいておそるおそる声をかけると、「ああ、あの講演会のときの」と、即座に気づいてくれた。

「その節は、ありがとうございました」

「仕事にも慣れてきたようですね」

「もし、ご迷惑でなければ、一度、ゆっくりお話を聞かせていただけませんか」

「そうですね。ミネソタからアラスカに入りますが、そのあとにでも時間があれば……」

植村の周りは大勢の参会者でにぎわっていたので、それ以上一人占めすることはできなかったが、彼のいつもの温かい心遣いは十分感じ取ることができた。ほんの短い会話だったが、私は天にも昇る気持ちだった。照れを承知で告白すれば、個人を特定して話をしてくれたことがなによりもうれしかった。しかもインタビューの約束まで取りつけたのだ。

だがしかし、あのときの短いやりとりが植村と直接話をした最後になってしまった。せっかくいろいろな話が聞ける、これからというときだったのに……。

一九八四年一月、植村はミネソタのアウトワードバウンド・スクール（野外学校）からアラスカのタルキートナを経由してマッキンリーのベースキャンプ（BC）に、冬季単独登頂を狙ってやってきた。このときテレビ朝日のディレクター、大谷映芳がBCまで同行し、インタビューしていた。「奥さんをもらわれて変わりましたか」、という問いに植村はこう答えている。

〈なんでも自分勝手にやればいい、なんていうのは間違いであって、絶対に生きて帰らなくちゃいけないというのが、山でも冒険でも探検でも、非常に大きな現代の哲学のひとつだと思うんです〉（『山と溪谷』一九八四年五月号）

大谷の問いに正面から答えることなく、どこか含みのある言葉を残して、植村は二月一日、BCを出発した。徐々にルートを延ばし、六日にはウエスト・バットレス下部四二〇〇メートル、十一日には五二〇〇メートル付近まで登り、登頂の機会をうか

1984年2月、マッキンリー、ウェスト・バットレス下部4200mの雪洞で。
遭難直前の植村（写真提供＝文藝春秋）

がっていた。

「ウエムラ登頂」の報は十三日午前十一時、取材のチャーター機との無線交信によってもたらされ、前日の二月十二日、冬季単独初登頂が確認された。その日は植村の誕生日だった。無理をしてでも、その日に登りたかったのではないだろうか。しかし直後の十六日、五一八〇メートルの斜面で元気に手を振る姿が確認されたのを最後に、消息を絶ってしまったのである。

「ウエムラ遭難か」の報は、それこそ全世界を駆け巡った。二月中旬から三月のはじめにかけて、日本の新聞記者はもちろん世界中からジャーナリストが集まって、山麓のタルキートナは大騒動となっていた。知人の運動部記者はもちろん、社会部の記者も大挙してタルキートナに入り、狭くて小さな村が報道人で溢れかえっていた。ロッジもレストランも、そして村人までが殺気立っていた。スポーツ紙も含めて新聞には「植村さん依然不明」の見出しが連日躍り、テレビ局は現地から頻繁に映像を送ってきた。しばらくはテレビや新聞に「ウエムラ」の名前が出ないことはなかったほどである。

「但馬人」の気質

日本では、事実上捜索が打ち切られた三月九日午後五時、東京・神田駿河台の明治大学構内で記者会見が開かれた。同大学山岳部OBの炉辺会《ろばた》代表二人とともに妻の公子が会見場に現れた。紺の丸首のセーターを清楚に着こなした公子が、ややうつむきかげんに席に着いた。だが会見が始まると、終始気丈に、時には穏やかな笑みを浮かべながら質問に答えていた。

「冒険家はいつも生きて帰ると言っていたのに、だらしないじゃないのって言ってやりたいと思います」

私には記者会見場での公子の受け答えが強く印象に残っている。言葉を選びながらも真摯にかつ整然と対応するその姿に、記者への温かい思いやりすら感じられ、それとともに毅然とした芯の強さがうかがわれた。

悲しんでいる間もなく、私たちもすぐ植村追悼の記事を作らなくてはならなかった。四月十五日発売の五月号、編集期間は三月の約三週間しかない。編集会議の結果、カラー五ページ、本文九ページを確保してもらい、すぐに編集に取りかかった。キーパーソンは、帰国して間がないテレビ朝日の大谷である。これまでも何度か雑誌に記事を書いてもらい、旧知の間柄だったことが心強かった。あいさつもそこそこに、すぐ本題に入った。

「ところで、植村さんを撮った写真はどうなっていますか。その写真と、行方を絶った顚末を書いていただきたいのですが」

「核心部の写真は、スリーブで一本半ほどしか撮れていません。それに他社からもオファーがきています」

「『岳人』ですか」

「そうです。永田さんと二人で話し合ってほしいのですが……」

永田秀樹は、当時、東京新聞社が出していた『岳人』のやり手の編集者で、目のつけどころが私とほとんど同じ、普段は情報の交換など仲はよいのだが、雑誌の企画ではいつも競合関係にあった。ほしい写真は同じだろう。さっそく永田もヤマケイに飛んできてくれた。どうしてもほしい写真はお互いに譲れない。結局最後は、不謹慎なようだがジャンケンで決めることになり、使用順位を決めていった。いまから思えば、のどかでおおらかな編集風景である。

さて、表紙に「速報」を謳い、「特報　マッキンリーに消えた植村直己」の特集作りに取りかかった。前述したように、植村が消息を絶った経緯を大谷に書いてもらい、植村と山岳部で同期だった日刊スポーツの中出水《なかでみず》勲に彼の軌跡を綴ってもらうことにした。会社近くの旅館に部屋をとり、中出水を缶詰にして執筆をせかし、私もひと晩、付き合うことにした。なんとか理由をつけては逃げようとする中出水を、おだて、すかし、時におどしながら、ひと晩で原稿を仕上げてもらった。その手書きの原稿に、できたそばから赤字を入れて整理し、翌早朝、印刷会社に届けてなんとか締め切りに間に合わせることができた。印刷会社へ届けるタクシーから見た、黄色みがかった太陽が妙に印象に残っている。日本旅館の一室といい、缶詰にしての見張り役といい、私にとっては忘れられない雑誌作りのひとこまだった。

植村が消息を絶ったあとも、私たちは彼のその後を記事にしてきた。『山と溪谷』一九九三年十一月号では、創刊七〇〇号記念号として「時代をリードした九人の登山家」という特集を組み、その巻頭に「不死鳥・植村直己」をもってきた。その遺品撮影のために、私はカメラマンとともに兵庫県の日高町を訪れた。竣工間近い植村直己冒険館から、エベレスト登頂、グリーンランド縦断、マッキンリー遭難の際の装備一式を借り受け、幼なじみで町役場の職員だった正木徹の立ち会いのもと、広い体育館に櫓を組んで撮影させてもらった。

その翌一九九四年にも、没後十年の特別企画「回顧　植村直己——マッキンリーに消えて十年」の記事を組んでいる。公子の独占インタビューと友人知人に「私の植村直己を語る」を綴ってもらったものだ。以前からあまり表に出たがらなかった公子をなんとか口説いて、一月二十六日、東京・新宿の京王プラザホテルでインタビューに応じてもらった。

〈植村がもうちょっと早い時代に生まれていたら、ほんとうの探検家になれたと思うことがあるの。逆にもう少し遅く生まれていたら、もっと楽しく遊べたかなあと。南極にも行けたしね。でも、やっぱり植村は、自分にとっていい時代をちゃんと生きたんだなあと思う。ちょうどいい時代を、ちゃんと生きたと思う〉（『山と溪谷』一九九四年三月号）

記者会見での公子の姿とともに、私にはとても印象深いインタビューとなった。とくに時代を意識した公子の発言は的を射たものだった。植村の日常の姿や公子の飾らない人柄が誌面からにじみ出ていて、じつに好感のもてる記事となった。

結婚して十年、その約半分しか一緒に暮らしてこなかった公子だが、植村イズムのいちばんの理解者であり、伝承者でもあった。めったに文章を発表しない彼女が、消息を絶ったその年、「帰ってこない春」という手記を残していた。

〈世間の人は、偉大な冒険家を持って誇らしいでしょう、と言いますが、私から見れば、植村はどうしようもない人、どうしようもないのが二人いっしょになって一所懸命生きてきたんだと思います。（略）私には誇らしいより前に切ない人なんです〉（『文藝春秋』一九九四年六月臨時増刊号「植村直己　夢と冒険」）

植村の行動や冒険への姿勢は終始変わることなく、気質そのままに粘り強く目的に向かって邁進してきた。しかし、家庭での植村は驚くほど気弱な一面も見せている。その植村を、留守のときも家庭にいるときも、時に気丈に、時に温かく支えてきたのが公子だった。

時間は前後するが、消息を絶ってわずか一年後に映画制作の話が持ち上がり、その一生は、『植村直己物語』という劇場映画となって、一九八六年六月七日公開された。西田敏行が植村役を、倍賞千恵子が公子役となり、第十回日本アカデミー賞優秀作品賞など七つのタイトルを獲得している。

雑誌や書籍、映画に続いて、その精神を残そうという動きが、植村ゆかりの地で見られはじめた。植村が住んでいた東京・板橋区に一九九二年、植村冒険館が、また生家のある日高町（当時）にも九四年、植村直己冒険館が開設された。さらに九六年からは植村直己冒険賞が設けられ、年ごとに冒険者を顕彰、今日に至っている。

一九九八年二月十二日には、植村記念財団の主催で「講演と冒険シンポジウム　冒険する心、伝えたい。」が開催され、板橋区立文化会館大ホールは満員の盛況となった。私は冒険シンポジウム「敢えて困難に挑むということ」の司会を任され、大場満郎、九里《くのり》徳泰、白石康次郎、山野井泰史、渡辺一枝らがパネリストとして参加してくれた。植村を直接知らない若い世代の参加者が多く、その精神が世代を超えて継承されることに強い感銘を受けたのを覚えている。

一方二〇〇二年には、日高町で行なわれた第七回植村直己冒険賞の授賞式に、私は山野井泰史・妙子とともに誘われた。彼の初めての著作『垂直の記憶』の担当編集者として、講演会や祝賀会に加わらせてもらったのである。そのときは生家に兄の修を訪ね、近くの墓へ墓参りもさせてもらい、記念の植樹にもお付き合いさせていただいた。

その折、植村直己冒険館の館長、吉谷義奉《よしとも》と界隈を歩いたときの記憶がよみがえってくる。日高町から城崎温泉、そして日本海側の海岸線を車で走りながら、吉谷の語った「但馬人」の話がとても興味深く残っている。この地域は、兵庫県北部の日本海側に位置しているため、豊かな自然環境に恵まれてはいるものの、冬はシベリアからの北西季節風の影響をまともに受けて降雪量が多く、寒さも厳しくなる。こうした気象特性が、独特の気質を育んできたという。すぐ思い当たるのが、粘り強さと努力を惜しまないということ。自分の欲求がかなえられなくとも、それに耐える力を持っていて、さらに行動は控えめだが、実行力は並外れているという点だ。頑健、忍耐力、勤勉などに象徴されるようだが、まさに植村の資質そのものといえるのではないだろうか。

「植村のすごいところは〝生きる力〟にあるんですが、自分がこうと思ったら、粘り強く人を説得して、自分の思うように実現させていくんです」

そう吉谷は強調するが、当の吉谷もアイディアとそれを実現させる力、そして人を説得する能力は並外れたものをもっている。話し出したら止まらない、まさに但馬人そのものの気質を継いでいるような気がするのである。

北極圏一万二〇〇〇キロの旅

植村のあの一万二〇〇〇キロ犬ゾリ単独の旅が、四十年の時を経てにわかに私のなかによみがえってきた。ヤマケイ文庫の一冊として、植村の『北極圏一万二〇〇〇キロ』の編集を担当することになったからだ。公子の口添えや文藝春秋の厚意があってのことだが、私にとっては願ってもないことだった。文春文庫版を底本として、さっそく編集を進めることにした。

ところで、ヤマケイ文庫版の『北極圏一万二〇〇〇キロ』は、編集者としてどう再構成したらいいのだろうか。すでに植村によって執筆され、担当の編集者によって何度も内容はチェックされてきたはずだ。私にできるのは植村の旅をしっかりなぞることしかなく、それならそれで読者の一人として、植村の世界に浸り切ってみようと思った。植村と一緒に、時にはドキドキハラハラしながら、また時には危機を脱したことに安堵し、ほっとため息をつきながら読み進めることにした。それは仕事を忘れて楽しめる、とても贅沢な時間ともいえた。

編集者の私が主張できたのは、本のカバーと地図であった。とくに地図は、北極圏の、それもグリーンランドからカナダを横断してアラスカの西海岸まで、途方もなく広大な植村の足跡を地図で表現しなくてはならない。物語の流れに沿って大きく四つのブロックに分け、ブロックごとに見やすくてわかりやすく、かつ過不足のない地名の挿入を心がけた。なにしろ私たち読者は、ほとんど土地勘のない地域を旅するのだから、地図を見て地名をなぞりながら、読み進めるしかない。私自身が、まさに植村になって一喜一憂しながら旅を進めるようなものだった。

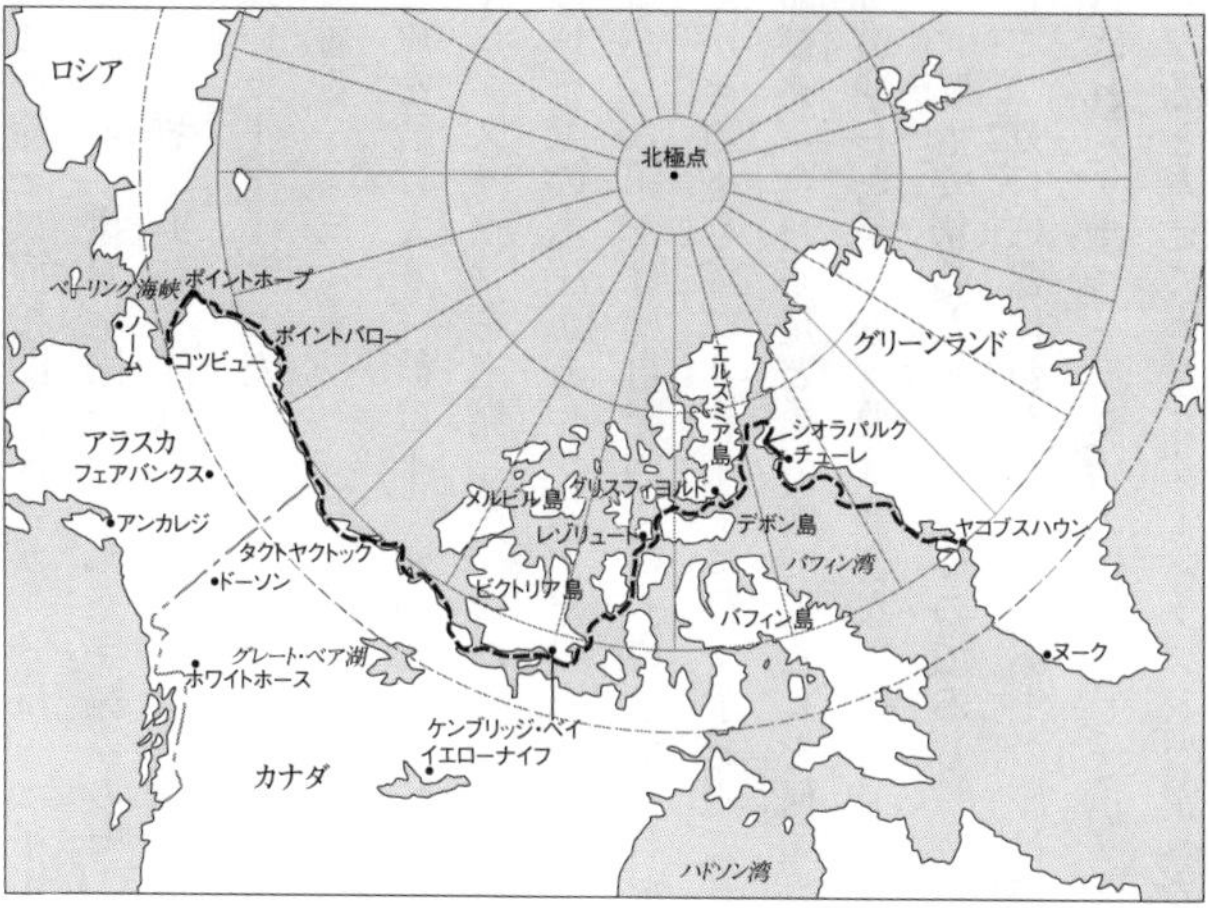
ロシア
北極点
ベーリング海峡
ポイントホープ
ノーム
コツビュー
ポイントバロー
グリーンランド
エルズミア島
シオラパルク
チューレ
アラスカ
フェアバンクス
メルビル島
グリスフィヨルド
アンカレジ
レゾリュート
デボン島
ヤコブスハウン
タクトヤクトック
バフィン湾
ドーソン
ビクトリア島
バフィン島
グレート・ベア湖
ヌーク
ホワイトホース
ケンブリッジ・ベイ
イエローナイフ
カナダ
ハドソン湾

植村のこの旅とは直接関係ないが、一度、公子が自ら編んだセーターを見せてもらったことがある。世界地図が描かれた手編みのセーターで、胸の部分に日本、左腕のあたりにマッキンリー、右袖のあたりがエベレスト、背中にアフリカ大陸という、とても可愛いセーターだった。恥ずかしそうに、でもちょっと自慢げに、着て見せてくれたのである。

植村の旅を続けよう。彼は十二頭の犬ゾリにムチを当て、現在はイルリサットと呼ばれるヤコブスハウンを出発した。なんとしてもやり遂げようとする意志の力と、耐えられないほどの重圧があったはずだ。出発早々、エスキモー犬に逃げられ、ひどく落胆するが、六頭だけは自発的に帰ってきてくれて、なんとか危機を脱することができた。だがその後も、ブリザードに行く手を阻まれ、ソリを海中に落とし、白クマの恐怖におびえ、食料不足と重労働で犬たちを何頭も失ってしまう。そうした命の危険に何度も遭遇しながらも、彼は強靭な精神力で立ち直り、危機を脱していく。そしてそのたびに私も安堵のため息をつくのである。

こうして二カ月ほどにわたる私の編集上の旅は終わり、文庫は二〇一四年二月、無事に刊行された。すると、文庫の編集をしているうちに、「いつか行ってみたい」と以前から漠然と考えていたグリーンランドの旅への憧憬が、より現実味を帯びて膨らんできたのだった。さらに植村のもう一冊の著作が、追い打ちをかけるように私をあおるのである。

〈グリーンランドの最北端に人口六百人ほどの純粋エスキモーが住み、ある程度文明化した南部グリーンランドとは孤立して、冬には犬橇を走らせ、モリを持ってアザラシやセイウチを追う狩猟生活をしているというのだ。（略）私はチューレ地区の一部落シオラパルクをひそかに生活の場ときめた〉

植村直己の『極北に駆ける』の冒頭の一節である。覚悟を決めてシオラパルクに入り、住民との数々の摩擦を乗り越えながら、次第に彼らとの生活に馴染んでいく姿がユーモラスに描かれている。植村のベースにあるのは、やり抜こうという強い意志と、それとは対照的に異文化に順応していくしなやかな心の持ちようといえるだろう。また一方で、仲間として快く受け入れてくれるシオラパルクの村人たちの温かい包容力も見逃せない。こうして植村は、一九七二年、シオラパルクで十カ月ほど暮らしたのち、三〇〇〇キロを犬ゾリで走破する。七四年から始まる北極圏一万二〇〇〇キロの冒険への序奏でもあったのだ。植村の北極圏への旅の原点が、まさにシオラパルクにあったといえるだろう。

「そんな極北の人たちの生活に触れてみたい。雄大な氷床をこの目で見てみたい」

いつか植村ゆかりの地、住民が暮らす世界最北の村シオラパルクに行ってみたいという思いは強くなるばかりだった。このヤマケイ文庫『北極圏一万二〇〇〇キロ』の編集作業が、私のシオラパルク行きへの憧れを強く後押ししてくれたのだ。もう行くしかないと思うほどに……。

そして二〇一五年三月四日――。

私は、その念願のシオラパルクの村に、極寒の三月はじめ、ヘリコプターの定期便で降り立った。

グリーンランドは北極海と大西洋の間にある世界最大の島で、その北端にシオラパルクという四十人ほどのエスキモーが暮らす村がある。北緯七七度四七分の北極圏最北端の地、エスキモーが暮らす村、そして極夜が明けた厳寒の季節――。そのどれをとっても旅情をかき立てられるものばかりだった。

しかもこの村は日本人とのつながりが強い。いまも植村の痕跡を随所にとどめるその村に、植村ゆかりの日本人がいる。『エスキモーになった日本人』の著書をもつ大島育雄と極地探検家の山崎哲秀、そして最近はノンフィクション作家の角幡唯介も加わった。彼は、極夜と呼ばれる太陽の昇らない闇夜を、カナダの北端まで単独で踏破

飛行機はグリーンランド上空にさしかかる。眼下には広大な氷原が広がっていた

しようとしているのだ。あの小さな村に日本人が三人。その植村ゆかりの村を訪れたのだった。

まず世界地図で日本の位置を確認してほしい。通常の世界地図は、日本を中心にして北米大陸が東に、欧州大陸が西に描かれている。グリーンランドは北米カナダのさらに東の端に描かれているはずだ。日本からの直行便がないために、まず西へ向かってコペンハーゲンへ。さらに乗り継いでこんどは東の端のグリーンランドへと、地図の上では振り子状に端から端まで横断しなければ行き着けないイメージを抱いてしまう。もちろんそれは地図上のトリックで、実際は西へ向かってコペンハーゲンで一泊したのち、さらに西へ、世界遺産の「アイスフィヨルド」があるイルリサットまで飛行機を乗り継いで一泊、ようやく三日目にして、しかも二度乗り継いで最後はヘリコプターでやっとシオラパルクに入ることができた。それにしても遠い。日本からは気が遠くなるほどの僻遠の地、「最果ての地」というのが実感だった。

最北の村、シオラパルク

「やあ、久しぶりです。ほんとうによく来ましたね」

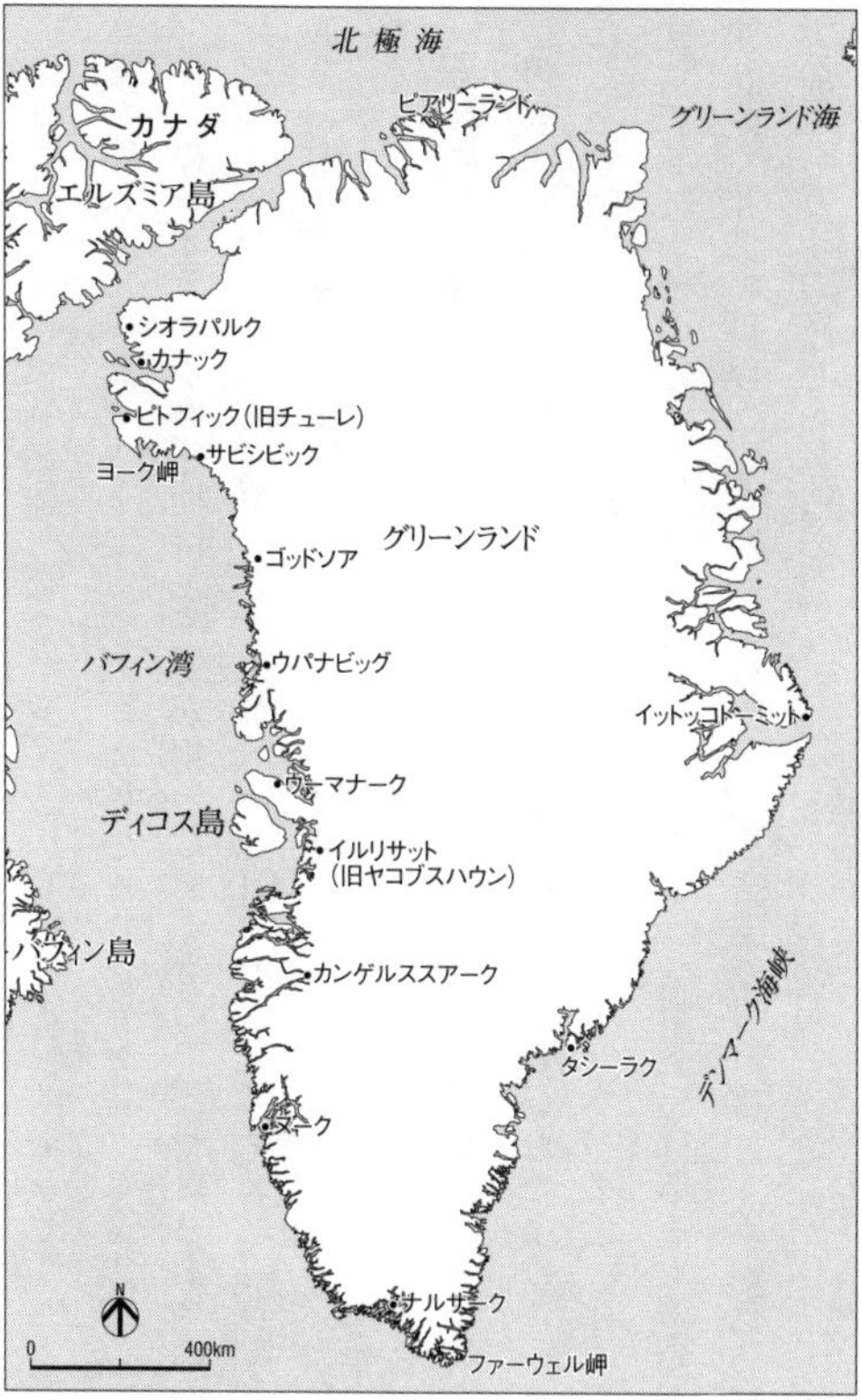
北極海
ピアリーランド
グリーンランド海
カナダ
エルズミア島
シオラパルク
カナック
ピトフィック（旧チューレ）
サビシビック
ヨーク岬
グリーンランド
ゴッドソア
バフィン湾
ウパナビッグ
イットッコトーミット
ウーマナーク
ディコス島
イルリサット
（旧ヤコブスハウン）
バフィン島
カンゲルススアーク
タシーラク
デンマーク海峡
ヌーク
ナルサーク
ファーウェル岬
N
0
400km

「ウーン、遠ーいよね。でも大島さんとはイルリサットの飛行場で会えたので、話もできたし心強かった」

「さあさ、どうぞ。小さな小屋ですが、借りている住居はすぐそこですから」

猫の額ほどのヘリポートで、山崎哲秀は小さなソリを持って待っていてくれた。

憧れのシオラパルク。期待と不安が相半ばするものの、やはり旧知の山崎のもとに身を寄せる安心感は何ものにも代えがたい。山崎とは、アマゾン河の筏下りのレポートを『山と溪谷』に投稿してくれたのが縁で、もうかれこれ三十年以上の付き合いになる。

それにしても寒い。刺すような寒さと形容すればいいだろうか。外気はマイナス三〇度。といっても実感は湧かないだろうが、鼻の奥がしびれたように「ツン」と痛い。ただ不思議なもので、三日かけて徐々に北上してきたので、寒さに対する順応も少しずつできているのだろう。ピンと張りつめたような緊張感はあるものの、何もかもが凍りつく非情の世界というわけではない。風さえなければ、太陽が低くても昇ったあとの温もりすら感じられるのだ。

山崎の借りている家でひと息ついたのち、近くの小高い丘に登ってみた。

「……」

人が住む世界最北のシオラパルク。40戸ほどの民家がひしめき合う

目の前に広がるその光景に、一瞬、言葉を失ってしまう。一面、何キロにもわたって海氷が張りつめ、遠くには氷山の山並みが果てしなく続く。海氷の厚さは一メートルもあるだろうか。海岸線にわずかな凹凸はあるものの、概して安定した海氷原がえんえんと続くのだ。あまりの美しさに言葉を忘れ、時間が静止してしまったかのような錯覚を覚える。

これまでずっと長い間思い描いてきた光景が、いま、現実に目の前に広がっている。途切れることなく続く海氷の湾に沿って、四十戸ほどの家屋が寄り添うように建ち並び、これ以上高くならない太陽に、その集落が長い影を落としている。さらに丘を登り続けると、十字架がいくつも立つ小さな墓地に出た。白い十字架には、小さなエビノシッポが張り付いて逆光に輝き、それは驚くほど幻想的な光景であった。

その晩は、持参のウィスキーをなめながら山崎とゆっくり話ができた。外は身震いするほど寒いが、月が煌々と明るく輝いて、明瞭な輪郭を描いていた。

「プチプチ、プチプチ」

先ほどから北極の氷が、グラスのなかで小さな音を立ててはぜていく。氷のなかの気泡がはじける音だ。静けさのなかに、なんともいえない空間と音を醸し出す。

こうしてゆっくり話をするのも何年ぶりのことだろう。

「ぼくが植村さんを初めて知ったのは、一九八四年、十六歳のときでした。冬のマッキンリーで遭難したときで、毎日、ニュースで報道されていたのを覚えています。当時のぼくは、自分の目標をつかみかねていて、どうしたらいいのかさっぱりわからないときだったんです」

書店で一冊の本を買って、むさぼるように読んだという。『青春を山に賭けて』だった。

「ぼくは、これだと思ったんです。読んだ次の日からトレーニングを始めました。朝の五時に起きて走りはじめたり、本を入れたザックを背負って歩き回りました。植村さんの本もすべて読みました」

思い立ったらすぐ行動に移さないと気がすまない性格なのだろう。京都の進学校をドロップアウトして、卒業後、東京に出て工事現場のアルバイトで資金稼ぎをする。まず東京から日本海を経由して京都の実家まで七五〇キロを歩き通す。続いてアマゾン河の筏下り。まさに植村の行動をなぞることから山崎の冒険は始まった。

「十九歳の一回目は失敗しましたが、翌年は五〇〇〇キロを四十五日間かけて下りました。達成できれば、次の目標です。もちろん北極圏のグリーンランド。最初は夏のイルリサットで偵察、そして翌年はすぐ冬の本番です。でも寒くて寒くて、何もでき

ません。外気温はマイナス三七度、テントを張っても活動どころではありませんでした」

いまでこそ灯油をガンガンに炊いたストーブで、小屋のなかはそれなりに暖かい。海氷上に直接テントを張った当時は、トレーニングはおろか、動くことさえままならなかっただろう。

「大島さんに手紙を書いて、教えを請いました。装備と寒さ対策です。チューレの基地へ行ける許可が出て、三回目でシオラパルクまで入れ、大島さんに活動方法を教えてもらいました」

そこでまた、グラスの氷がはぜる音がした。


翌日私は、数少ない専業猟師である大島育雄の家を訪ねた。奥さんのアンナは病気療養のため六〇キロ南にあるカナックに住み、高台に建つ大きな家に一人で暮らしていた。優しそうな目がくるくるとよく動く、笑顔が印象的な人だった。グリーンランドの大自然に魅せられて、あまりに居心地がよく、結局そのまま四十年居ついてしまったという稀有な人生の持ち主だ。

「ここは犬ゾリで旅をしながら、気ままに狩猟で生計を立てられる。とっても居心地

「日本人のエスキモー」と言われた大島育雄。狩猟を生活の糧にしていた

がいい村です」

そう目を細めるが、見よう見まねで始めた狩りも最初は大変だったという。数年やって、やっと収入の目途が立ってきた。アザラシやセイウチなどの狩猟とオヒョウ釣り、さらになめし皮の技術も身につけて、腕を買われて南部に教えにいくほどまでになった。

植村との出会いは、日本大学の先輩を通じて協力を請われ、一九七二年から七三年にかけて三カ月ほどシオラパルクで一緒に生活したことがあるという。

「植村さんは、小さな掘っ立て小屋を借りて住んでいた。なにしろ話がおもしろくてね、ゲラゲラ笑わせるんだよ。一緒にセイウチ猟に行って、獲れた肉をデポしたときの話とかね。いまから思うと、ほんとうに楽しい思い出だね」

驚いたのは大島の日本語会話が完璧なこと。淀むことなく、スラスラと日本語が出てくるのだ。

「本を読むのが好きで、だから日本語も忘れないいんだね」

大島同様、シオラパルクの村に暮らす古老たちもまた植村のことを忘れていない。

ケドットゥというエスキモーは、毎朝九時半ころになると山崎を訪ねてきてくれた。三年前の夏、奥さんを食中毒で亡くし、五人の息子と一人の娘はみんなカナックで暮らしているという。

「私は、ケケッタッソアという小さな島の出身で、六歳のとき、ナオミがここに来たときに会っている。彼が犬ゾリのトレーニングを始めたころは、老犬ばかりでね、いい犬がいなかった。みんなナオミのことが好きで人気があったよ。いまの生活？　最近は年金暮らしだね」

　多くの家族は三世代が同じ家に住む。そんな彼らも世代を超えて植村を懐かしむ。高台に家を新築したばかりのヌカッピヤンガは、植村の『極北に駆ける』にも出てくるエスキモーだ。

「私が八歳か九歳くらいのとき、ナオミの小屋が下にあったんだ。ぼくたちは遊び盛りで、しょっちゅういたずらをして、ナオミに『こらっ』って怒られていた。ナオミにエスキモー語を教えていたのが懐かしい思い出だね。クジラの群れが入ってきて男手が足りないときなど、ナオミもカヤックか小舟を出して銛《もり》を打っていたのを覚えているよ」

　カガヤブッタ（通称カガヤ）も、三世代で暮らす大家族だ。

「ナオミのソリを作ったころが懐かしいね。一万二〇〇〇キロの途中だったかな。ナオミがいるときに、みんなで彼の服を作ったものさ。私ももう七十歳になるけど、犬を二十二頭もって、猟師をやっているよ」

一九七二年、植村は南極横断への思いを胸に、そのトレーニングのためにシオラパルクを初めて訪れた。厳しい極地気候への順応と、エスキモーの言葉、生活技術、犬ゾリの扱い方などを学びながら、彼らと過ごした約八カ月の生活とその後の一万二〇〇〇キロの冒険が、村人の心に深く強く植村の記憶を刻みつけている。当時から四十年以上経つというのに、シオラパルクの古老たちは、いまでも植村のことを忘れずにいる。だれもが植村のことを記憶にとどめて誇りに思い、信愛の情に溢れていた。

日常生活のなかの犬ゾリ

私が「シオラパルク」という村の名を意識しだしたのは、いつのことからであろうか。もちろん植村の本に接したことがきっかけだろうが、その美しい音感が妙に気にはなっていた。しかもエスキモー語で「美しい砂浜」という意味だそうで、海氷に覆われた冬でも村は言葉を失うほど美しかった。

しかし、現実にはいくつもの問題を抱えている。

この村は、そもそも狩猟の起点という存在意義があり、周囲にはいくつものそうし

結氷した海氷原に犬ゾリを走らせる山崎哲秀。気象観測に励む極地探検家だ

た小さな小屋が点在していた。ところが最近は空き家が多く、過疎化が進んでいるという。腕のいいエスキモーの猟師たちも一人去り二人去りして、冬の村は閑散としていた。ここから六〇キロほど南、六〇〇人ほどの村人が住むカナックという村へ、収入のいいオヒョウ釣りのため家を建てて移り住んでしまうからだ。

生肉や毛皮などの村人たちの現金収入の道が、「動物保護」という先進国の論理の名のもとに市場から締め出されつつあるという。結果として、若い猟師のなり手が少なくなっているのだ。一人前の猟師になるには、時間と手間がかかりすぎるからだろう。

一方シオラパルクには、もちろん電気はひかれ、村の役場には公共のシャワーや日用品を売るマーケットもあって日常の生活には困らない。水は大型のタンクに貯蔵され、ガス、灯油などの燃料は市販されていて、貨幣経済にしっかり組み込まれている。新しく建てられた家はコンピュータや薄型テレビ、大型冷凍庫などが完備され、ネット環境も整備されていて暮らしには不自由ないように見える。しかし、し尿は袋に入れて週一回、バギー（小型雪上車）で回収されて海岸に捨てられるなど、下水処理は未整備だ。学校、病院などのインフラ整備も追いついていない。高齢者ばかりが多く、若者たちは村を見限りカナックへ移り住んでしまうのだ。

ただでさえ過疎化と高齢化が進み、足早に押し寄せてくる近代化の波に翻弄されて伝統的な狩猟も飲み込まれてしまいそうだ。それでも彼らはエスキモー語を話し、危ういとはいえ狩猟を生活の基盤においている。ただ危惧されるのは、この独自の言葉や伝統、文化といったものをだれが引き継いでいくかという点だ。大家族から核家族化への移行に歯止めをかけられるのか。じわじわと忍び寄ってくる過疎化と高齢化の波にどう対処すればいいのか——。

大島も山崎も、異口同音に犬ゾリの楽しさを口にする。扱い方さえ習熟すれば、環境にも優しい移動手段として犬ゾリはとても優れた文化だという。大島は従来からの狩猟という方法で、山崎は観測調査のベース基地建設という夢を抱いて、このエスキモーの文化を継承しようとする。

「ぼくはなんとか日本から研究者を呼んできて、気象観測の基地にしたいんです」

ここ十年は秋から翌年の夏前まで、山崎は犬ゾリを操りながら、無償の気象観測を続けている。十三頭のエスキモー犬の世話と、ソリの製作や手入れ、そして気象観測が日課になっている。大島を師と仰ぎながら狩猟の手ほどきを受け、犬を走らせてトレーニングに励み、いくつかの定点で観測記録をとる日常はそれなりに忙しい。

そんな山崎について、私は日帰りで三回ほど犬ゾリに乗せてもらい、ある程度犬ゾリと寒さに慣れてから、最後はシオラパルクからカナックへ、四泊五日の小旅行に出た。犬の食料やテントを積み込んだソリの総重量は四〇〇キロ。極地服という厚手の防寒着にカミックというブーツを履いて、ソリに乗る。

「ハック、ハック（強く引け、走れー）」

山崎の掛け声とともに、十三頭のエスキモー犬は一斉に走り出す。犬たちは一頭のリーダー犬を先頭に扇状につながれる。こうした犬ゾリの扱い方は、アラスカのようなスピード重視の走らせ方よりも、小回りがきいて狩猟にも適しているからだという。

こうして平らな海氷原を風を切りながら走る爽快感はなんともいえない。聞こえてくるのは犬の息遣いとソリの走る音だけ。広大な海氷原に私たち二人だけだ。時間の概念も消え、現実感もなくなり、風だけを感じる、まさに至福のひととき――。

途中、交錯したロープがもつれると、勝手に動き回ろうとする犬を叱りつけ、おとなしく座らせて、一本一本ロープを解いてやるのだが、それがなかなか手間のかかる作業だ。テルモスの温かいコーヒーとビスケットでやっとひと息入れられる。気象観測と犬の世話に忙しい山崎を尻目に、私はただ犬ゾリの上で浮遊感に酔いしれているだけだ。しかし寒さが厳しいからだろう、一日を走り通すと、不思議とやり終えたという達成感と心地よい疲労感が残った。

私たちはカナックで一泊したのち、さらに南西にソリを走らせた。ボウドインとい

エスキモー犬10頭の犬を走らせる山崎。極夜が明けたとはいえ、太陽はまだ低い

う名のフィヨルドにソリを止め、いまはだれも住んでいない小さな「カガッサッソア」という小屋を訪れた。狩猟の前進基地として造られたのだろう、二棟だけの小さな小屋だが、中は清潔で三つの小さなベッドが整然と置かれていた。

「ここで植村さんは手紙や原稿を書いていたんだね」

「そう、聞いています。植村さんは行動中はメモをきちんと取りながら、時間のあるときは集中して原稿や手紙を書いていたようです」

「一人になれる貴重な時間だったんだろうね」

「そうですね。シオラパルクにいると、子どもたちが放っておきませんから」

小屋から入り江の先に望む美しいボウドイン氷河、そして広々とした海氷原、西日に深い陰影を刻む氷山、そのどれもが夢のような光景だった。あまりに美しいその光景に、時の経つのも忘れて、見入ってしまうばかりだった。

それにしても、氷上に寝るときはさすがに寒い。明け方になると、氷の底からしんしんと寒さが伝わってくるようだ。テントの中で煮炊き用ストーブをつけていても、寒くて目が覚めてしまう。じっと寝ていられないのだ。それほど寒く、夜の訪れが怖くなったほどである。

キャンプをしながら美しいボウドィン氷河へ、小旅行に出た。夢のようなひとときだった

翌朝、一日かけてカナックに戻り、私たちの犬ゾリの旅は終わった。山崎はシオラパルクへ、私は村の高台に建つ一件の小さなロッジに泊まった。すぐ廊下に飾られている植村顕彰の額が目についた。ここもやはり植村の痕跡が途絶えることはない。

「カナックにナオミが来るとね、必ず寄ってくれたよ。ハンスはいるかいってね。彼は村人のだれからも好かれていたね」

もう四十年以上、この村でロッジを経営しているハンス・ヤンセンという知日家の主人だった。世界中から冒険家や極地研究者、ジャーナリストが泊まりにくるという。あのラインホルト・メスナーも泊まったという宿帳を見せてくれた。

「温かいコーヒーはあるかい。一杯、飲ませてくれないか、って訪ねてくるんだよ」

部屋は狭いが、白い清潔なシーツのかかった小さなベッド。オヒョウのスープにハンバーグに野菜の付け合わせ、質素だが文句なくおいしかった。

翌朝、湿気の少ないサラサラの雪が音もなく降っていた。カナックの海岸を双眼鏡でのぞく。海氷上の至るところに幾重にも連なる氷山と、点在するオヒョウ釣りの小さな小屋、犬ゾリを走らせて小屋に向かう漁師たちの姿、そして海氷につながれ、じっと寒さに耐える何頭ものエスキモー犬たち——。

グリーンランド最後の朝、私は言いようのない不思議な感懐にとらわれる。

「また来なさい。いつかきっと」

目前に広がるカナックの光景が、私にそうささやきかけてくるのだ。きっと、私は見てしまったのだろう。厳しい最果ての地でありながら、あまりに美しいその海氷原の光景に魅せられ、温もりのあふれたエスキモーの人たちの営みの姿を——。別れのときでもあるのだが、こんなに美しい光景を目にして、思わず感傷的になってしまい、涙で双眼鏡から目を離せなくなってしまった。

「また来なさい。いつかきっと……」

間違いなくカナックの光景が、私に再訪を強く誘いかけてくるのである。

シオラパルクとカナックの至るところに残る植村の痕跡が、エスキモーの文化の継承を語りかけ、強く促しているようにさえ思えてくるのだった。

アラスカ、旅の最終到達地

シオラパルクへの旅から遡ること一年、私は、植村の北極圏一万二〇〇〇キロの最終到達地点、アラスカのコツビューを訪れる機会があった。アラスカの写真を長年、撮りつづけている写真家の柳木昭信と一緒だった。二〇一四年の六月、アラスカのアンカレジから北極圏を回り、再度アンカレジに戻ってレンタカーを借りてフェアバンクスまで、一カ月かけてキャンプをしながら旅をしたのだ。

その途中で、ベーリング海に面したアラスカ北西部の町コツビューまで足を延ばしたことがある。北極圏への玄関口でもあり、ブルックス山脈への入り口でもあり、そしてもちろん、植村の「北極圏一万二〇〇〇キロ」の最終到達地点でもあった。そのときの話の端緒でも拾えればという思いで、町を歩いてみた。

北極圏へ向かう飛行機のターミナルでもあるのだろう、飛行場は思いのほか立派だったが、三七〇〇人が住む町にしては活気がなく、少し寂れたような印象をぬぐえなかった。しかし、パークレンジャーの建物は立派で、アラスカ開拓の歴史や北極圏の厳しい自然、動植物の映画上映など、設備は充実していて興味のある内容が盛りだくさんだった。とくに「ブルックス山脈への招待」という映像は、自然の美しさと厳しさを描いたもので、ことのほか旅情をかき立てられた。

その後、私たちはシティホールや図書館で「ウエムラを知っているか」尋ねて歩いたが、四十年も前のことで、記憶している人はいないようだった。海岸に平行して走る二本の通りに沿って歩いてみた。海岸沿いは、やはり潮風によるのだろう、家の傷みが激しく、廃屋になっている家もちらほら見られた。小さなスーパーマーケットが二軒、その一軒に飛び込みで入ってみると、買い物をしていた初老の男性と出会った。

「ああ、その人なら覚えているよ。ポイント・バロー、ポイント・ホープと、エスキモーの村を移動してくる様子が新聞に載っていたんだ。すごいことをする人がいるもんだと思ったね」

「それはすごい。実際にウエムラと会えたんですか」

私は興奮して尋ねた。

「コツビューでは、彼の周りにみんな集まってきて、大歓迎だった。なにしろこの町が一万二〇〇〇キロの終着地点だったから、街中、大騒ぎだった。私まで誇らしく思ったよ。もちろん若造だったから、話しかけるなんてできなかったけどね」

ピーター・シェーファーというコツビュー生まれの六十八歳の男性だった。まさか直接話が聞けるとは思っていなかったので、私は心が小さく震えていた。その後もスーパーで買い物をしていた何人かのお年寄りに聞いて回ったのだが、彼のほかにはだれも覚えている人はいなかった。こんな北極圏の辺境の町で、実際に植村を見た人に会えたのだ。その晩は飛行場のそばの空き地にテントを張ったのだが、シュラフに入ってもなかなか寝つくことができず、暮れることのない白夜の空に煌々と輝く月を茫然と見やるばかりだった。

私たちは、コッツビューからノームを経由してアンカレジに戻り、フェアバンクスへ行く途中でタルキートナへも寄ってみた。三年前の六月、マッキンリー（デナリ）を登りにいって以来のタルキートナである。タルキートナは、アンカレジからジョージ・パークス・ハイウェイを北へ一八〇キロ行った、マッキンリーの入山基地として知られている。現在の人口は九〇〇人ほどで、二十世紀の初頭は金鉱山の中心地として栄えたようだが、最近は当時の古い面影を残す観光地として定着してきたようだ。

前回はそれこそ登山の直前だったため、じっくりタルキートナを回れなかったが、今回は町にある歴史博物館、パークレンジャーの事務所、植村ゆかりの宿でもある「ラチチュード62」などをじっくり回った。とくに歴史博物館には植村のコーナーがあるくらいで、一九八四年六月発行の明治大学山岳部OB会の『炉辺通信』特別号が展示されていた。そこには植村の言葉で、次のような記述も見られた。

「私はいつも全く新しい何かを探してきたということを強く感じています。私は自分がまるで世界新記録を0・1秒でも破ろうとする100メートル走者のように感じているのです」

植村には珍しくはっきりしたものの言い方をしている。彼のまた違った一面にふれたような新鮮な文章だった。

今回、タルキートナを訪れたのには、もうひとつ目的があった。それは「タルキートナへ行くんだったら」と、事前に公子から頼まれていたことがあったからだ。中心部の町から歩いて二十分ほど、鉄道の線路を渡ってすぐのところに村の墓地がある。うっそうとした森のなかのその一画に、マッキンリーで亡くなった遭難者の記念碑があった。年代順に彫られた墓碑銘の、一九八四年の記録には「NAOMI UEMURA 40 JAPAN」とあった。それを「43」に訂正するよう頼まれていたのだ。

レンジャーステーションの若いレンジャー、ミスィ・スムーザーが対応してくれた。年齢が違っている旨を話すと、四十歳を四十三歳に直すと快く受けてくれた。

「あら、ほんとうだわ。なぜかしら。パソコンでチェックして、訂正できるときに直しておくわ」

とても親切に対応してくれ、今シーズンは無理だが、次の年までには修正してくれると約束してくれたのだ。

後日、ミスィからは、修正された「43」の写真が添付されたメールが届き、公子にも報告することができた。ひとつの小さな約束、旅の目的が果たせたようで、ホッとしたのを覚えている。

ちなみにこの記念碑には、植村のすぐ横に、一九八九年の遭難者が並んで彫られていた。そこには山田昇、小松幸三、三枝照雄の三人の名前も刻まれていた。同じ冬のマッキンリーで志半ばで亡くなった、私にもなじみの登山家たち——。異国の墓地に並んで眠る植村と山田たち三人、不思議な縁で結ばれているようで、その墓の前からしばらく立ち去ることができなかった。

＊

植村が冬のマッキンリーで消息を絶って、早いものでもう三十三年になる。当時とは時代が大きく変わってしまったが、なお植村は語り継がれ、読み継がれている。彼の最初の著書『青春を山に賭けて』は、いまだに多くの読者の支持を得て、文春文庫でも破格のロングセラーとなっている。東京・板橋区にある植村冒険館、兵庫県豊岡市の植村直己冒険館も、それぞれに次世代への橋渡しの役割を担って植村の功績を発信し続けている。また二〇一五年には、冒険者を顕彰する植村直己冒険賞も二十回を数え、十一月二十二日にはそれを記念して「日本冒険フォーラム」というイベントが母校の明治大学で開催された。その二年後の一七年十一月二十日には、板橋区の植村冒険館も創立二十五周年を迎えることになった。

さすがに母校の明治大学でも、植村の名を知らない若い世代が増えてきたという。しかし、そうはいっても、なお植村の人気は世代を超えて語り継がれ、共感を呼んでいる。

私はやはり「時代」というものを考えないわけにはいかなかった。

植村はほんとうにいい時代を生きてきたと思う。大学に入学した一九六〇年から消息を絶った八四年までの約二十年は、時代そのものが高揚期にあった。六〇年の安保闘争を乗り越え、日本が一気に高度経済成長に突き進んでいった時代だ。六四年の貿易自由化により外貨枠の制限がはずれ、外貨の持ち出し、海外渡航が自由化されたその年に、植村は世界放浪の旅に出ている。「時代のうねり」が感じられ、力強く躍動していたといえるだろう。植村はその兆候を敏感に感じ取り、独自のアイディアと持ち前の粘り強さで、夢を夢で終わらせることなく、実現させる力があった。自らの思いで時代を切り拓き、牽引していける力があったのだろう。南極単独横断の夢も、あと一歩のところまできていたはずだ。その二十年の軌跡は、高揚しつつあった日本の社会と深く連動していたと思われる。冒頭にあるように、実業の世界ではなくとも、冒険の分野で十分に活躍できた、まさに幸福な時代だったのである。

しかし八〇年代になって成長に陰りが見えはじめると、植村の冒険も減速していった。時代が後押しする力も弱くなり、次第に「うねり」が硬直化をはじめ、社会そのものが不透明の時代を迎えつつあった。地理上の未知の部分がどんどん少なくなる一方で、冒険も登山の世界も混沌とし、息苦しい時代になっていった。社会そのものも柔軟性を失い、動脈硬化を起こしはじめていたのである。

社会だけでなく、植村自身にも変化が訪れていた。四十歳代にさしかかり、かつてのような無理もきかず体力への不安が忍び寄っていたはずだ。なにかにつけて自分の体力の衰えを意識するようになり、だが一方でそれを認めたくない自分もいる。そして最後の最後で、自らの体力確認の旅に厳冬のマッキンリーを選んだような節《ふし》すら感じられるのである。四十三歳、もちろん体力を過信しての結末ではないはずだが、顕著な業績を残したものほど陥りやすい「こんなはずではなかった」という思い。自戒してもし切れないほどの陥穽《かんせい》。いわば登山家、冒険家の性《さが》といえようか――。

しかし、植村の消息が途絶えたとしても、その輝かしい業績は残され、顕彰され続けている。南極横断の夢は果たせなかったが、あのいい時代をしっかり生き抜いた稀有な冒険家であることに少しも変わりはなかった。

二〇一七年冬、ノンフィクション作家で探検家の角幡唯介が、太陽がまったく昇らない冬の極夜をGPSなどの機器を持たずにシオラパルクから北極圏への旅に再挑戦した。シオラパルクから北上してイナフシャックという狩猟小屋までの往復一〇〇〇キロを、ソリを引きながらの旅である。それもエスキモー犬一頭だけを連れた一人旅だ。

考えてみれば、角幡の冒険は、極夜での行動といいGPSの不携帯といい、自らにより厳しい枷《かせ》を課したうえでの挑戦であった。皮肉なことに、現代の冒険はあえてより重い負荷を自らにかけなければ、たちまち先端の科学技術にからめ取られてしまうのだろう。植村の時代は、まだまだ天測機器である六分儀の判断に頼るしかないというおおらかさがあった。

「私が極地へ行くようになってから、植村さんのすごさがよくわかりました。極夜でのナビゲーションの難しさは尋常じゃありません。それなのに植村さんは、本を読むかぎりあまり怯えていないんです」

月の暦に合わせて、極夜を旅するという。角幡もまた、植村の影響を強く受けた一人にちがいない。そして山崎もシオラパルクに滞在する。もちろん大島も健在だ。

あの小さな村に植村の記憶を残す多くのエスキモーの人たち、そして植村ゆかりの日本人が三人、植村の冒険はこれからも世代を超えて引き継がれていくことであろう。

植村直己年譜

1941年　0歳　2月12日、兵庫県城崎郡国府村（現・日高町）に7人兄弟の末子、五男として生まれる。
1960年　19歳　4月、明治大学農学部に入学。同時に山岳部に入部。
1964年　23歳　3月、明治大学卒業。5月2日、移民船アルゼンチナ丸で横浜港からロザンゼルスへ。
1965年　24歳　2月、フランスから明治大学ゴジュンバ・カン登山隊に参加。第二次アタック隊で初登頂に成功。
1966年　25歳　7月、モン・ブラン、マッターホルンに単独登頂。10月、ケニヤ山、キリマンジェロに単独登頂。
1968年　27歳　2月、アコンカグアを15時間で単独登頂。4月から6月、アマゾン河6000キロを筏で下る。
1969年　28歳　4月と8月、日本山岳会エベレスト偵察隊員に選ばれ、南壁を8000メートルまで試登。ネパールで越冬。
1970年　29歳　5月11日、日本山岳会エベレスト登山隊第一次アタック隊として日本人初登頂。8月、マッキンリー単独登頂。世界初の五大陸単独登頂者となる。
1971年　30歳　1月、山学同志会とのグランド・ジョラス北壁登攀。8月から10月、稚内から鹿児島まで52日間で日本縦断。
1972年　31歳　9月から極地順応と犬ゾリ訓練のため、グリーンランド・シオラパルクに10カ月滞在。
1973年　32歳　2月から4月にかけてグリーンランド北西岸を犬ゾリ単独往復、3000キロ走破に成功。
1974年　33歳　5月、野崎公子と結婚。12月29日、北極圏1万2000キロ単独犬ゾリ行をスタート。
1975年　34歳　6月12日、カナダ・ビクトリア島ケンブリッジ・ベイ到着。越夏のため半年滞在。
1976年　35歳　5月8日、アラスカ・コツビュー着。1万2000キロの単独犬ゾリ行を達成。
1978年　37歳　4月29日、北極点到達。8月21日、グリーンランド縦断3000キロ単独走破達成。
1979年　38歳　2月、英国のバーラー・イン・スポーツ賞受賞。
1980年　39歳　8月13日、厳冬期アコンカグア登頂成功。10月、日本冬期エベレスト登山隊長としてネパールへ。
1981年　40歳　1月、1隊員が遭難、天候悪化のためサウス・コルで登頂を断念。
1982年　41歳　1月、アルゼンチン経由南極へ出発。4月、フォークランド紛争勃発、12月22日、支援不可の決定通告。
1983年　42歳　10月、ミネソタのアウトワードバウンド・スクール視察のため渡米。
1984年　43歳　2月12日、マッキンリー冬期単独初登頂に成功。13日、下山中に消息を絶つ。4月、国民栄誉賞受賞。

長谷川恒男

見果てぬ夢

長谷川恒男（はせがわ・つねお　1947 年〜 91 年）
神奈川県生まれ。登山家、山岳ガイド。15 歳から登山を始め、丹沢、明星山、谷川岳一ノ倉沢などで活躍。73 年第Ⅱ次 RCC のエベレスト登山隊に参加。79 年アルプス三大北壁冬季単独初登頂に成功。ナンガ・パルバット、チョモランマなどに複数回挑戦するが敗退。未踏のウルタルⅡ峰で遭難。

一人歩きしだした「ハセツネ」

二〇一六年十月九日午後一時、スタート地点は一種独特の緊張感が漂っていた。

「三・二・一」

カウントダウンの声に続き、スタートの号砲。第二十四回を迎えた日本山岳耐久レース「長谷川恒男CUP」のスタートが切っておとされた。朝まで土砂降りの雨だったが、幸いそのころになると弱まり、時には晴れ間ものぞくほどに回復していた。ただし湿度は異様に高く、蒸し暑い。

「がんばってー」「行ってらっしゃーい」「がんばれよ」

出発地点の五日市中学校前は、約三〇〇メートルにわたって応援の人たちが沿道を埋めている。これから始まる七一キロにわたる過酷なレースに向けて、選手への声援と拍手がしばらく続いた。マラソンなどの長距離レースのスタート風景となんら変わらず、ちょっとした高揚感が漂っている。

私はスタートから一〇〇メートルほどの地点にいて、選手たちを見送った。

参加者たちは総じて笑顔だ。そして若い。自己申告した予想タイムに合わせて選手たちはスタートしていくのだが、先頭グループは最初からかなり飛ばす。ここ数年、高速化がいわれて久しいが、それに加えて若い人たちと女性参加者の増加も際立っていた。おしゃれで華やかなウェアからは、かつての中高年登山者の地味さはない。彼らは、トレラン用の小型ザックを背負い、トレラン用のシューズにサポートタイツ、テーピングテープでしっかり足を固定してレースに臨む。ポイントは軽量・コンパクト、とくにライトなどナイトランのための夜間対策と、ハイドレーション、スポーツドリンクなどの水分補給対策が重要だ。

五日市中学校前から市街地を走り抜け、今熊山に向けて登山道へ。奥多摩の山中を生藤山《しょうとうさん》、三頭山、御前山《ごぜんやま》、御岳山と走り抜け、七一キロを二十四時間以内で一周する「ハセツネ」レースのスタートが、こうして切っておとされた。参加者たちは、どのような思いで走り、登り、そして歩き続けるのだろうか。過酷なレースだが、だからこそ完走後の達成感は何ものにも代えがたいものがある。

この日本山岳耐久レースには、私にも格別の思いがある。東京都山岳連盟の肝入りで企画されていた当初から、当時の小林勉・東京都山岳連盟会長が何度も編集部を訪ねてくれて、そのたびに協力を要請されていた。「日本山岳耐久レース」というネーミングからもわかるように、当初は長時間歩き続ける「カモシカ山行」の流れを引いたもので、現在の「トレラン」のイメージとはまったく違ったものだった。第一回大会の当日は、私も大会本部を訪ねてあいさつし、運営スタッフに食料やホカロンなどを差し入れしたのを思い出す。個人的にもこういった長距離レースや長時間歩行が好きで、翌年の第二回大会と十五回大会には二度選手として参加し、完走した記録もある。スタート時間は異なるが、三頭山で見た夜景の煌《きら》めきや月夜見山へ至るミズナラやブナの林の美しさ、そして日ノ出山から望んだ朝日の神々しさがいまでも鮮明に記憶されている。食料を詰め込んだ大きめのザックや軽登山靴、見るからに「登山者」ばかりだった当時が懐かしい。

しかし、ここ二十年でトレランの世界は大きく様変わりしている。なかでも老舗といわれる日本山岳耐久レースは、「ハセツネ」の愛称でもっとも人気のある大会のひとつとなった。エントリーしても、すぐ定員に達して締め切られてしまうという人気ぶりだ。それだけ評判の高い「ハセツネ」だが、最近では「ハセツネ」と長谷川恒男が結びつく人はそう多くはないだろう。トレランの世界では、すでに「ハセツネ」の呼称が確固とした地歩を築いているのだ。

こうした「ハセツネ」の変遷を長年にわたって概観してきたのが、ほかでもない長谷川恒男の妻・昌美であろう。長谷川が亡くなって二十年、「ハセツネ」が一人歩きをするなかで、長谷川の功績をこの地にとどめるべく、昌美は記念碑の建立を思い描いていた。

〈死後二〇周年をひとつの区切りとして、国内のどこかに記念碑、モニュメントを作ってもいいのではないか？（略）記念碑設置場所はハセツネコース上にと迷いはなかった。第三関門の長尾平、青梅の御嶽神社の境内地に石碑を設置する許可をいただいた〉（第十九回山岳耐久レース参加パンフレット）

昌美の思いが実り、二〇一一年十月十日の午後一時、石碑の除幕式が武蔵御嶽神社境内の長尾平前で執り行なわれた。その日は、長谷川がパキスタンのウルタルⅡ峰に逝ってちょうど二十年の命日にあたる。山の紅葉が少しずつ色づきはじめた秋晴れの一日、私を含め約二〇〇人ほどの知人、ハイカーが記念碑の前に集まっていた。

神主によって祝詞《のりと》が上げられ、玉串が捧げられる。顕彰碑は八ヶ岳平石という岩を使ってダイナミックにデザインされ、題字は映画監督でもあった草月流の家元、勅使河原宏によって揮毫《きごう》されていた。

「登攀の前には心の葛藤がある。それは行動を起こすことによって『肉体』が滅びることを『精神』が恐れるからだ。『精神』とはヒトが人間であることを示す最後の砦なのだ」

そうした長谷川の言葉と登山歴が石碑に彫られていた。

「限りなき自己への挑戦」をテーマに掲げる「ハセツネ」が、厳しく過酷なレースであることは間違いない。だから長谷川の山への思いと通じるものがあるのだろう。

私たちは近くの駒鳥山荘に祝賀会の会場を移し、若き長谷川と一緒に夢を見てきた往年のクライマーたち一〇〇人ほどが集まって、大いに長谷川の話で盛り上がったのは言うまでもない。

団塊の世代

長谷川は一九四七年、三人兄弟の末っ子として神奈川県愛甲郡に生まれた。十五歳で初めて兄に連れられて丹沢の山に登り、十七歳で会社の先輩と一緒に東丹沢の岩登りを経験する。

〈一二㍍の大滝を登り終わったとき、世の中にこんな楽しいものがあるかと思いましたね。たった一二㍍の岩がこんなに楽しいんなら二〇㍍とか三〇㍍、一〇〇㍍とか一〇〇〇㍍の岩壁になったら、もっともっと楽しいんじゃないかと思いました〉（『山と溪谷』一九八二年一月号）

こうして初めての岩登りで鮮烈なデビューを飾り、長谷川は一気に岩の魅力に取りつかれていく。しかし、ここまでの道のりは、団塊の世代ならではの鬱屈した心情を裡《うち》に秘めた複雑なものがあった。

長谷川が一九四七年の生まれであることはすでに述べた。まさにベビーブーマー、団塊の世代を先頭切って走ってきたことになる。長い太平洋戦争が終わり、その二年後、全国で合計二六七万八七九二人の赤ん坊が生まれている。まさしく団塊、「マス」といわれる世代で、三年間で約八〇〇万人が生を受けたことになる。ちなみに少子化といわれて久しい二〇一六年一年間の出生数は、過去最低の九八万一〇〇〇人だという。単純に計算しても現在の三倍ほどの子どもたちが三年続けて生まれ、ひしめき合っていたことになる。小学校に入学すれば、当然、学校も教室も不足する。一学級五十人以上は当たり前で、教室が足りないので児童を午前の部と午後の部に分ける二部授業も行なわれていた。図工や理科実験室などの特別教室も普通教室として利用されることになる。ちなみに私も団塊世代の一年下、小学校一年生のとき、二部授業を経験している。

こうした団塊の世代は、その数の多さゆえに「マス」のなかで生き延びていかなくてはならない宿命を負わされていた。物心ついた幼少期から、知らず知らずに激しい

三ツ峠でクライミングのトレーニングに励む長谷川恒男。当初から岩登りはうまかった

競争に身をさらすことになり、自己を主張しなければ、いつの間にかその多数のなかに埋没してしまう。しかも自己を主張できるのは、結果としてごく一部の少数者に限られていた。大多数は団塊のなかでもがき、悩み、苦しんでいたはずだ。

長谷川もそんな一人だった。勉強嫌いな中学生は、自分の居場所を探すのに汲々《きゅうきゅう》としていた。

〈子どもの数が多いから、先生の目も一人ひとりにまで届かない。学校の成績よりも、生きていくことにみな必死だったから、落ちこぼれなどというものは、もう完全にこぼれていくしかなかった。誰も手をさしのべてはくれない。そんな時代だったのだ〉(『北壁からのメッセージ』民衆社)

厳しい現実に向き合わざるを得なかった長谷川は、高校進学の道を放棄して就職、社会に出る道を選んでいる。これで勉強から解放される、自由になれると思ったのも束の間、単調な工場での束縛が待ち受けていた。毎日が同じことの繰り返し。何かをつかみ取らなければ、八〇〇万人の一人というだけで社会に埋没してしまう恐怖感。

しかし長谷川は、登山という、これまでになく打ち込める対象をつかみ取ることができた。クライミングに情熱を傾けることによって、「マス」(塊)に飲み込まれ、埋没しそうになる自分に自信を、アイデンティティを与えてくれたのだ。やがて定時制の高校にも入学、なんとか落ちこぼれにならず、踏みとどまることができた。

長谷川は十八歳で社会人山岳会である霧峰山岳会に入会、谷川岳一ノ倉沢、幽ノ沢などの岩場に足繁く通い、次第に頭角を現していく。しかしやがて、先鋭をきらって安全ばかりを指向する霧峰山岳会に見切りをつけ、二十二歳のときに同人「星と嵐」を設立して、明星山《みょうじさん》の開拓や谷川岳の冬季登攀でめきめきと実力をつけていった。この初期のいくつかの登攀のなかで、当時の長谷川の鬱屈した人物像を象徴する出来事があった。

そのころ先鋭的な岩登り集団として設立された第二次ＲＣＣがエベレストに登山隊を派遣することが決まり、年少の隊員の一人として長谷川に参加要請が来たのである。天にも昇る気持ちだったであろう。一部のエリートだけにしか許されていなかったヒマラヤ登山、それもエベレストに自分が参加できるのである。

一九七三年、長谷川は先発隊員として隊荷の輸送や食料調達に当たっていたのだが、不運にもウィルス性肝炎を発症してしまう。しばらく休養が必要で、もう本隊では使いものにならないと思われていた。

しかし、アタックの最終局面で声がかかり、サミッターの石黒久と加藤保男をサポートする役回りが与えられた。なんとか東南稜から登頂した二人はサウス・コルのC4まで帰り着けず、八三五〇メートル付近でビバーク。翌日、シェルパと探しにきた長谷川は、まず石黒を見つけてC4に下ろさせ、続いて意識をなくした加藤を献身的にサポートしてキャンプまで連れ帰る。

強風の吹き荒れるサウス・コルではトランシーバ交信ができず、下降路途中の岩稜上から二人を無事収容したこと、加藤が凍傷になっていること、石黒、加藤とシェルパ二人でC4はいっぱいなので、自分だけC3に下ろしてほしいことを伝える。しかし、ABCからの返信は「きょう中に全員を下ろせ」とにべもない。この交信は直接BCとはつながらず、ABCを経由してのものだったが、BCからの交信は長谷川にもよく聞こえたという。強風のなか、時間をおいて三度同じ交信が続けられた。

「長谷川の言うことは聞くな。長谷川を犠牲にしても加藤を救え」

そう命じるBCの交信を聞いてしまう。

〈長谷川はその交信を聞いて、思わず涙が出てきてしまった。情けなかった。ずいぶん自分の考えていたエベレストと違ってしまったからである〉（『山と溪谷』一九八二年二月号）

組織を優先する大きな登山隊に、個人の感情など入り込む余地はなかった。組織の

1973年秋、第Ⅱ次RCC隊に参加した長谷川。加藤たちのレスキューに活躍した

決定、隊の方針がなによりも優先され、その一方で決定的な疎外感にさらされる。以後、長谷川は大きな登山隊には一切参加していない。

さらに翌年の三月、未踏の谷川岳一ノ倉沢滝沢第二スラブ冬季単独初登攀に挑むことになる。天候待ちをしながら、何日も考え、自分ならできると意を決し、ザイルやカラビナ、アイスハーケンといった登攀具を全部置いて、羽毛服一枚と紅茶一リットルを持っただけでアタックに出発する。結局、登攀終了まで二時間弱、稜線まで一時間で登り切ってしまい、初登攀を成功させる。

なおこれには、相前後して登攀し、長谷川より十分遅れて登頂した岳志会の二人にまつわる逸話が残っている。

「やあ、第二登、おめでとう」

下山後、長谷川が発した言葉である。別パーティとはいえ相前後して登っていた、いわば「同志」でもある彼らに、明確に「第二登」を印象づける心ない言葉を投げかけたというものだ。

エベレストで献身的なレスキューをして仲間を救った行為。そして大きな組織ゆえの闇、人間の弱さを見てしまったやりきれなさ。一方で自意識が過剰と思える配慮に欠けた言動。人間の内部に潜むいやらしさ、欺瞞性に気づきながら、自らも配慮の足りない言葉で相手を傷つけてしまう。当時の長谷川には、そうした好ましからざる話ばかり聞こえてきた。「大変な自信家」「自己中心的で自分勝手」「他者への心配りがない」、そう受け取られるような言動が随所にみられたからだろう。それも長谷川の若さゆえのあせり、功名心の表れといえるかもしれない。団塊世代のなかで勝ち残っていくための狭量な気負いすら見え隠れしていた。

さらに翌年の一九七五年一月、穂高の単独連続登攀を試みる。屏風岩第一ルンゼから北尾根四峰正面壁、前穂東壁から前穂高へ、そして奥穂高、北穂高と縦走し、滝谷クラック尾根の登攀ののち、槍ヶ岳へ縦走し、北鎌尾根を下降するというものだった。長谷川はこの長大なルートを、十日間の停滞を含め二十二日かけて登攀している。ただしここでも、その後半は厳密に言えば単独ではなく、相前後して行動を共にするパーティがいたのだが、長谷川の意識のなかでは単独となっていた。

いずれにしろ、この谷川岳と穂高岳の冬季「単独」登攀で、長谷川が「マス」から一歩抜け出し、認められつつあったことは間違いないだろう。

アルプス三大北壁冬季単独初登頂

その後、活躍の舞台をアルプスに転じ、一九七七年から七九年にかけて順に、マッターホルン、アイガー、そしてグランド・ジョラスと、それぞれの北壁に冬、単独で挑み、登頂することになる。

最後のグランド・ジョラスでは、長谷川よりちょうど十歳年上で経験豊富な森田勝も単独での初登攀を狙って、先にシャモニ入りしていた。そのため、一匹狼の反逆児森田と、映画撮影班まで同行させた大掛かりな長谷川パーティとの間に確執が生じ、「初登攀争い」が演じられたといった具合に、二人は対照的にマスコミに扱われていた。しかし、森田をまったく意識しないと言えばうそになるだろうが、このとき長谷川はさらりと受け流す余裕が感じられた。悲壮感すらともなった森田のアタックは、結局、墜落して瀕死の重傷を負い救助されるという結末を迎え、マスコミ受けする初登攀争いにも終止符が打たれるのだが、一方の長谷川は、世界で初めてのアルプス三大北壁冬季単独登攀者という栄誉をつかんだのである。

一九七九年三月十日、私は、グランド・ジョラスから羽田に帰国したばかりの長谷

1978年3月、アイガー北壁下部を登攀する長谷川

川を、先輩の編集部員と車で羽田まで迎えにいったことがある。迎えにいったのは、マスコミの攻勢が激しく、他社より一刻も早く単独インタビューを実現したかったからだ。私は運転手役でついていっただけだが、そこで初めて長谷川としばらく言葉を交わすことができた。うわさで聞いていたようなおごった素振りもなく、ややはにかみながら小さな声でグランド・ジョラスでの登攀の顚末を話してくれた。雑談ではあったが、私にとっては、だれよりも早く個別に単独インタビューができたようなものだった。

——マスコミが「日本人クライマー同士の一騎打ち」などと報じていましたね。

「ぼくには、どうして周りがそんなに騒ぐのか、わからなかった。森田さんのほうが先輩だし、ライバルだなんて、考えたことなかったから」

——でも、気にはなりましたよね。

「それは結果論です。山と自分のフィーリングがぴったり合ったときが登れるときだと思っていたから、あくまでもマイペースで。結果として、ぼくが登れたということだ」

——今回の登攀をひと言で表現すると。

「いやあ、攀ること自体が楽しかったね。まるでなにかに陶酔しながら登っていたようなものだ。登攀にはリズムがあって、十分楽しめた」

　この車中でのほんのわずかなやりとりで、私は、長谷川に対するイメージが変わったのを覚えている。いかに人のうわさ話がいい加減なものか、おおいに反省させられたものである。

　翌日、編集長によるインタビューが行なわれ、『山と溪谷』五月号に長谷川恒男・特別インタビュー「爽やかだ…。登った。」という四ページの記事が掲載された。その最後で、今後の抱負を聞かれた長谷川は、こう答えている。

〈今後、単独登攀の可能性をさらに追求してみたい。それと最強の小パーティを編成して、それに参加してみたい〉

　その言葉のとおり、アルプスから南米に行動を広げた長谷川は、一九八一年八月、アコンカグア南壁冬季単独初登攀にも成功した。難ルートから冬季・単独というひとつの登攀スタイルが長谷川のなかに定着した感がある。その当時、長谷川は一九七七年、ガイドの講習生を中心にした「U-TAN《ウータン》クラブ」を結成し、一九八〇年十月には、アルパインガイド長谷川事務所を開設するなど、山でもガイド業でも軌道に乗りはじめ、精力的に活動していたころだった。講習会にガイド山行、合間に講演会やマスコミからのインタビューが入り、原稿の執筆や本の刊行にと大忙しだった。

私が長谷川と頻繁に会うようになったのは、アコンカグアから帰ってきたころのことである。代々木にあるマンションの一室をガイド事務所に当て、スケジュールの調整や原稿の執筆に多忙な業務をこなしていた。登攀用具やザイルが所狭しとおかれ、書棚には山の本が溢れ流れていた。私は機会を見つけてはそのマンションを訪ねて、彼の話を聞いていた。

「長谷川さんは、アルプスで〝冬季単独初登攀〟によって新境地を開かれましたよね」

「でもね、ぼくは少人数のパーティを組んで山に行くのも好きなんですよ。ベースではみんなと一緒に酒を飲み、登攀は単独でアタックする」

にぎやかなことが好きで、寂しがり屋の一面を見せることもよくあった。

「こんど、そのへんの話をじっくり聞かせてもらっていいですか。アルプスの三大北壁からアコンカグアに至るまでの半生記を原稿にしてみたいんですが……」

長谷川の冬季単独にこだわった半生をレポートしてみたいと思い、編集会議に企画を提案し、その企画が実現することとなった。私は、アコンカグアから帰国したばかりの長谷川を代々木の事務所に訪ねて話を聞いた。すでに一流の登山家として認められた感のある長谷川を、私がどれだけ書き切れるか自信はまったくなかったが、テープに録音しながらのインタビューはある種の緊張感をもちながら進められた。長谷川はいつものくぐもったような声ではあるが、登山に対する熱い思いを語ってくれた。そしてインタビューが終われば、たいていは酒である。事務所で飲むこともあれば、代々木の飲み屋で終電間際まで飲むこともあった。飲むほどに顔を紅潮させ、さらに饒舌になっていった。私の知らないかつての長谷川は、思いやりのない言葉で何人もの友人を失っていたというが、当時の言動からはとても信じられなかった。以前、聞かされていた人づきあいの悪い、狭量な人物像とはまったく結びつかなかったのである。私にとっては、いつも楽しい酒だった。

記事は、一九八二年一月号と二月号に「岩壁に憑かれた単独行者『長谷川恒男』」というタイトルで二回掲載され、のちに『豊饒のとき』という私家版の書籍に収録している。

〈僕は今、山登りに熱愛しているんです。熱愛できるのは、心の底から山を登りたいということです。決して無理やりやるんじゃなくてね。そうすると自然と精神力もついてくるんですよ、自信つくから。そしてもう肉体的な苦痛も超えられるほど、気持ちが高まってくるわけです。だって今一番やりたいことをやって夢中になっているわけでしょ。いってみれば、人生の檜舞台に立って、一生懸命、自己表現しているわけ

ですよ、山に向かって〉（『山と溪谷』一九八二年二月号）

長谷川は一途《いちず》な山への思いをいつも熱く語っていた。夢をもち、その夢に向かって努力すれば必ず報われる。「生きぬくことは冒険だよ」と、長谷川はそう表現していた。山への感謝の気持ちも素直に語っていた。恐ろしいほど、その当時は順風満帆と言えたかもしれない。

また執筆にも精力的に取り組んでいた。一九七九年にはグランド・ジョラス北壁の登攀を描いた『北壁に舞う』、一九八一年、これまでの半生を綴った『岩壁よ、おはよう』、そして八四年、子どもたちへ「生きる」大切さを訴えた『北壁からのメッセージ』と立て続けに本を出版した。長谷川の「山を通して自分の生き方を表現する」というメッセージがどの本にもこめられ、表現者としての想いが溢れているのをひしひしと感じることができた。

ちなみに、本ができるたびにサインをして手渡してくれた。彼が気に入っていたのだろう、「酔壁」「酔壁登攀者」と書くことが多かったが、「自然と一体になって、酔うように岩を登る」という彼の考え方がよく表れていた。なるほど長谷川らしい表現だな、と思って感心したものだった。

1984年5月、ナンガ・パルバット南西稜に挑む長
な登攀に魅了された

ヒマラヤ初登頂への思い

そんな長谷川のさらなる活躍の場は、いよいよヒマラヤへと向けられる。そして一九八三年秋のダウラギリ、一九八四年春と秋、二度にわたるナンガ・パルバット、そして一九八五年から三回続いたチョモランマへの挑戦と、堰を切ったようにヒマラヤ登山が繰り返された。しかし、結果だけを見れば、ヒマラヤではとうとう一度も頂上に立つことができず、ことごとく敗退している。冬のアルプス三大北壁とアコンカグア南壁であれだけの成果を出していながら、ヒマラヤでは一度も登頂できなかった。しかし、どのヒマラヤ登山でも、ルートと無酸素、単独もしくは少人数にはこだわり続けた。仲間と行きながら、まずは一般ルートから同行者の登山をサポートし、自らはそこで高所順応を図ったのち、北壁などバリエーション・ルートから単独で挑むというスタイルにこだわっていた。一九八四年のナンガ・パルバットでは、ルパール壁の単独登攀、一九八七年から二度にわたるチョモランマは、北東クーロワールという新ルートから冬に挑んでいる。チョモランマでは許可が冬しか取れなかったという事情があるとはいえ、やはり究極の登攀を追求するという自分の登山スタイルは変えなかったの

下まわる赤い水銀も、縮こまっている。猛烈なこの寒さは、かつて体験したことのないものだ〉

そしてぎりぎりの状況から、ついに撤退を決める。

〈よく見ると雪の流れなのである。絶え間なく流れているために、それがひとつの物体のように目に映ったのだ。その雪の流れも、すぐそばまで来ている。頭上にヘッドランプをかざすと、細くくびれたリンネのなかを新雪雪崩がぶつかり、そこで方向転換し、私のそばまで流れ落ちてきているのだ。このまま登っていけば、あるいは、もう少し大きな新雪雪崩が襲いかかってきたならば、ひとたまりもなく押し流されてしまう〉（『山と溪谷』一九八五年二月号）

ナンガ・パルバットのルパール壁七五五〇メートル地点、意を決して挑んだ最後のアタックも、新雪雪崩の兆候に、それ以上の登攀を阻まれてしまったときの記述である。単独で新ルートに挑み、すべての能力を総動員して挑んだルパール壁も断念せざるを得なかった事態――。おそらくクライマー長谷川恒男の頂点を極めた高所でのレベルの高い登攀、真価を発揮した究極の登攀だったにちがいない。このとき長谷川、三十六歳。

一九八八年のチョモランマ北東クーロワールから敗退して帰ってきたときは、三回に及んだチョモランマを中心にこれまでのヒマラヤ登山を総括してもらい、「『チョモランマ』見果てぬ夢」というタイトルで翌年の三月号に掲載された。ヒマラヤ登山の報告は、アルプスの登攀と違って、記録というよりも心情を吐露した長めの読み物にしてもらった。ルート上の興味よりも「なぜ挑戦するのか」という大きなテーマを設定したからだ。登頂できなかった悔しさを素直に、そしてストレートに表現してもらった。私も彼にそう要望したし、彼もその要請に応えてくれた。

〈北東壁にルートを見い出すことができた。これは私にとって新しい希望であった。新ルートから、自分で切り拓いたルートから、頂上をめざす新しい可能性が生まれたのだ。（略）私は単独登攀をしているとき、物理的にはひとりであっても、多くの人に精神的に支えられていた。山が困難になるにしたがって、自分ひとりの能力ではどうすることもできなくなったとき、仲間に支えられてきた。過去三回のチョモランマ登山がそうだった〉（『山と溪谷』一九八九年三月号）

ルートを切り拓く喜び、単独でありながら仲間に支えられているという連帯感、そして安心感。難ルート、冬季、単独もしくは少人数という登山スタイルで、自分のヒマラヤでの山登りを表現してきた長谷川が、その想いを雑誌という媒体を使って思いのかぎり表現したものだった。

しかし書籍は、一九八七年、アルプス後のガイドや社会活動を著した『山に向かいて』（福武書店）が生前の最後のものになる。そこでは最初のチョモランマにほんの少しふれているだけで、残念なことに、ヒマラヤに関するまとまった著作は一冊もない。登頂できなかったからということもあるのだろうが、長谷川はいつか近い将来まとめたかったにちがいない。それは海外登山のたびに、原稿執筆の依頼に快く応じてくれたことからもうかがえる。あとは「登頂」という「弾み」がほしかったのだろう。

ヒマラヤへ何度も同行し、マネジメントを取り仕切ってきた妻の昌美が話してくれた。

「長谷川はガイド業が軌道に乗ると、ガイドを楽しんで仕事をしていました。また自分の山登りも大切にして、年一回のヒマラヤをとても楽しみにしていたと思います。ガイドと山は両輪で、どちらも欠かせない重要なものでした」

ヒマラヤに挑むころになると、ガイド業と登山がフル回転するようになり、執筆に回す時間的な余裕がなくなっていた。実際、八一年からは子どもたちを対象にしたジュニア・アルピニスト・スクール、八三年には「自然を守り自然に親しむ会」を組織し代表となり、九〇年には日本山岳ガイド連盟の設立に力を注ぎ、副理事長に就任している。新宿朝日カルチャーセンター講師をはじめ、U－TANクラブなど十余りの

未踏のウルタルⅡ峰の初登頂に挑む長谷川。岩と雪がミックスした困難なルートだった

登山グループの世話もしていた。

そうした目の回るようなスケジュールのなかで、以前から何度か、パキスタン・フンザ出身の登山家、ナジール・サビールから未踏峰の誘いを受けていた。

「ハセガワさん、フンザにウルタルという七〇〇〇メートルの未踏峰があるよ。こんなにいい山があるのに、どうして登りに来ないの」

「難ルートから単独で」という登攀スタイルは変わらないものの、やはり「登頂」の二文字は、のどから手が出るほどほしかったにちがいない。そこに「初」のタイトルまで加わるとしたら……。当時、七〇〇〇メートル峰ではチベットのナムチャバルワ、ブータンのガンケルプンズムに次いでウルタルⅡ峰は世界三位の未踏峰であった。アプローチが短く、わずかな時間でベースキャンプまで行かれる利点があるうえに、ハイ・キャンプ以降は鋭い岩稜と錯綜した稜線を形成し、複雑な登攀の長さと困難さを有する、じつに魅力的な難度の高い未踏峰だったのである。

一九九〇年九月、そのウルタルⅡ峰に挑んで敗退。翌年、再挑戦するなかで、長谷川は雪崩によってあっけなく死んでしまった。

遺志の継承

一九九一年十月十五日朝、東京・芝大門にあった山と溪谷社三階の編集部に一枚のファクスが送られてきた。送信元は、日本アルパインガイド協会のガイドである堀田弘司からで、内容は以下のようなものだった。

「長谷川恒男遭難す、10月10日10時20分C1～C2への荷上げ中、雪崩にあい、星野清隆隊員とともに死亡、遺体収容ずみ」

それは衝撃的な第一報だった。長谷川恒男らウータンクラブカラコルム登山隊は、九月十二日、本隊がBC入りし、パキスタンの未踏峰ウルタルⅡ峰（七三八八メートル）の初登頂に向けて登山活動を行なっているはずだった。これまでアルプスやヒマラヤでいくつもの危機を回避してきた長谷川だけに、私はにわかには信じられなかった。やがて長谷川事務所からもファクスが流れてきて、遭難の概要が明らかになってくるのだが、それでも遭難の事実をそのまま受け入れがたかったことを覚えている。

「なぜ長谷川さんが、なぜ雪崩で……」

ウルタルは二度目の挑戦であるし、雪崩の起きそうな地点も知っていたはずだ。なのに、なぜ雪崩で……。東京にいて、疑問ばかりが膨らんでいった。

「将来、村の青少年を育成できるようなクライミング・スクールを作ろう」

長谷川とナジールが、フンザのスポーツ振興と文化を継承できるように、基金を募ってアルパイン・スクールを作ろうという話は、雪崩事故によって立ち消えになってしまったが、彼らの遺志は現実のものとして長谷川の妻・昌美に引き継がれていく。ナジールと昌美は、フンザから村人たちの応援を仰ぎ、遺体の安全な搬送と墓作りに着手する。頂上を望む現在の地に、すべてフンザのスタイルにのっとって、長谷川と星野は埋葬された。村の長老たちからは、ことさら温かい手が差しのべられたという。

葬儀はその年の十二月八日、東京・青山の青山葬儀所で執り行なわれた。朝から冷たい雨の降るとても寒い一日だった。ちなみに、この日は長谷川の誕生日でもあった。気丈に振る舞っていた昌美の姿がかえって痛々しかったが、憔悴した表情もその素振りも見せることはなかった。知人や講習生、登山客だけでなく広く一般の人たちも参加して、献花には二〇〇〇人の参列者の長い列ができていた。

『ULTAR II　7338m』という追悼集が、当日、手渡された。オールカラー三十六ページの立派な小冊子だ。「死ののちに」と題した追悼文に昌美はこんな言葉を残している。

〈東京でも、山でも、二人はいつもいっしょだった。「女房の代わりはいても、星野の代わりはいない」と長谷川が半分本気で言っていたくらいに密な関係だった。その二人がともに逝き、ともに追い求めた未踏峰・ウルタルⅡのふもとに眠っている〉

二人は突然、ヒマラヤの未踏の難峰から姿を消してしまったのである。帰国後、昌美は葬儀の準備と追悼集の編集、打ち合わせに飛び回っていて悲しんでいるヒマもなかったという。そして年が明けて、追悼の写真展の開催。また日本にいる長谷川の講習生たちが多額の寄付を集めてくれ、多くの善意が学校建設の資金として集まり出していた。

長谷川昌美が、学校の建設と同時に進めていたのが、長谷川のドキュメンタリー映像を残すという仕事だった。昌美がプロデュースし、制作委員会を立ち上げ、ウータンクラブの宮地由文が委員長に就任して、長谷川のこれまでの映像を集めるところから始まった。残されたフィルム、ビデオ、膨大なスチール写真をもとに、新たに撮影された二十四人のインタビューで構成されたドキュメンタリー作品。監督は、やはり友人の長町満。

「長谷川の登攀の映像をからめながら、人物インタビューで構成しようと思いました。みんな出演料なしで協力してくれました。ありがたかったですね」と昌美は語る。

長谷川の記憶が風化する前に、仲間たちは長谷川をどう思っていたのか、アルピニストとして、またプロガイドとしての両面から、長谷川恒男と彼の生きた時代を検証しようという試みだ。「山への想い」「エベレスト」「単独への道」「ヒマラヤへ」「チョモランマ」そして「ウルタルII」と六つのパートで構成され、それぞれに記録映像とインタビューが繰り返される。出演者も、母親の長谷川コマツや兄の博、同人「星と嵐」の遠藤甲太、谷川岳登攀の松本正城や吉尾弘、第二次RCCエベレスト登山隊の湯浅道男、重廣恒夫、石黒久、第二スラブの高橋寛明、穂高連続登攀の半谷貞夫、ウータンクラブの宮地由文や昌美、ウルタルの多賀谷治、ナジール・サビールなど二十四人。一六ミリフィルム一時間三十分のカラー映画である。昌美が語る。

「この映画を持って上映会や講演会を企画し、学校の資金にも当てたんです。とにかく当時は必死でした」

映画は一九九三年に完成、文部省選定、東京都山岳連盟、日本山岳協会の推薦も受けることができた。この映画をもとに各地で上映会や講演会を企画、学校建設の資金の一助になっていく。

こうして集められた寄付を元手にまず土地を購入し、学校建設の計画が少しずつ進められていく。村の長老を中心に運営母体であるカリマバード福祉協会（NGO）が作られ、校長、理事長も決まりつつあった。

「英語を基本言語にした男女共学の学校にしよう」

基本理念も決まり、民家を使った仮校舎もでき、まず四十人ほどの生徒が集まって授業が始まったころのことである。ある女の子のひと言が、昌美に衝撃を与える。

「私、宇宙飛行士になりたいの」

冗談で言っているわけではない。フンザの女の子の志の高さに、昌美を本気にさせるスイッチが入ってしまったのだ。少女の思いに報いなくてはと、真剣になって学校建設に乗り出すことになったという。そして二年後の一九九九年、ハセガワ・パブリック・スクールが正式に開校した。

当初の資金はすべて寄付でまかなわれた。講習生や支援者を募って、ベースキャンプへの墓参りのツアーや『ドキュメンタリー映画　長谷川恒男』上映会などを企画、広く寄付を集めたという。やがてイスラマバードにある日本大使館や現地の大手日本企業も資金の援助を申し出てくれるまでになった。

現在では校舎をさらに拡張して、幼児クラスから、高校、カレッジも併設、学生数は一〇〇〇人に達するほどの立派なパブリック・スクールに成長したのである。

フンザへ、祈りの旅

パキスタン北西部の中心都市ギルギットからカラコルム・ハイウェーを北上していくと、やがて右手に大きな氷河を戴いた七〇〇〇メートル級の雄大な山容が目に入ってくる。フンザの名峰ラカポシ、七七八八メートルである。フンザ川から急激に五七〇〇メートルもそそり立つ大きな山容がひときわ私たちの目を引く。山名は、この地方の伝説の人物ラカに基づいたもので、妖精たちとこの山に登って世界を俯瞰した「ラカの物見台」によるという。

フンザ川に沿って開けた谷は、ラカポシに続いて雪を戴いたディラン、七二六六メートルの高峰が続く。あの北杜夫の小説『白きたおやかな峰』で有名なカラコルムの名峰である。一九六五年、京都府山岳連盟の登山隊に医師として随行した際の体験に基づいた小説で、いまでも多くの読者に読み継がれている。ちなみに著者の北杜夫は旧制松本高校の出身で、ベストセラーになった『どくとるマンボウ青春記』は当時の

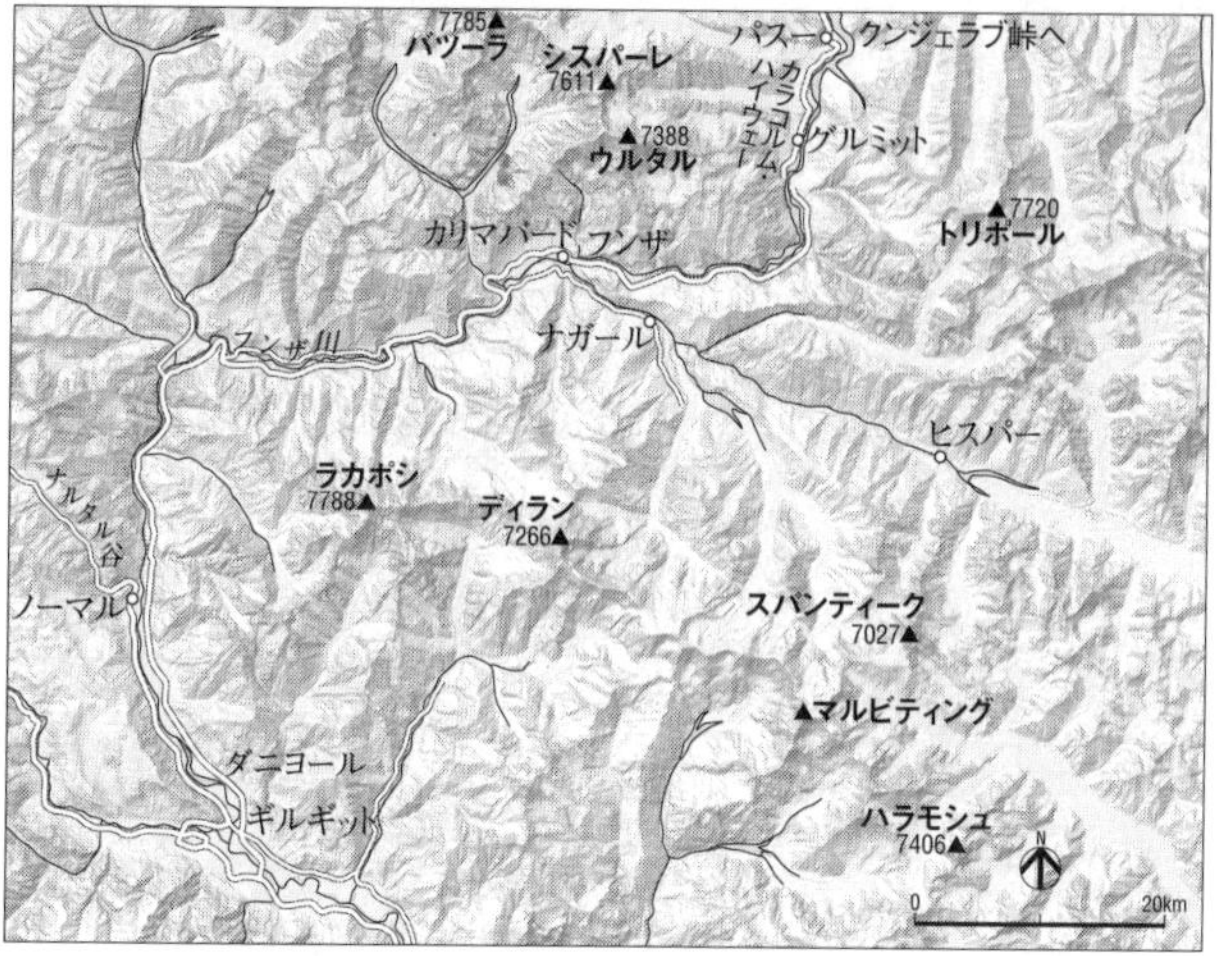
7785▲
バツーラ
シスパーレ
7611▲
パスー
クンジェラブ峠へ
ハイウェイ
カラコルム
▲7388
ウルタル
グルミット
▲7720
トリボール
カリマバード
フンザ
フンザ川
ナガール
ヒスパー
ナルタル谷
ラカポシ
7788▲
ディラン
7266▲
ノーマル
スパンティーク
7027▲
▲マルビティング
ダニヨール
ギルギット
ハラモシュ
7406▲
N
0
20km

青春群像を描いて人気が高かった。私もヒマラヤ杉に囲まれた北杜夫と同じ校舎で学んだ経験があるだけに、ディランとともに感慨もひとしおである。

そして目を対岸に転じるとウルタルII峰の稜線だが、その日は残念ながら雲に隠れたまま姿を現すことはなかった。

大きく開放的な谷からは段々畑が山裾まで続き、至るところで咲くアンズの花とポプラの林が美しいコントラストを描いていた。フンザは「アンズの谷」ともいわれている。ちょうど満開のアンズからは、その花香があたり一面に漂ってくるような錯覚さえ覚えた。

「フーッ」

私は大きく息を吐いた。やっとフンザに来られた喜びがじわじわと広がっていくのを感じていたからだ。長年、フンザを訪ねたいという特別の思い入れがあった。パキスタンに五十回以上行ったことがあり、K2のサミッターでもある登山家の広島三朗の言葉を思い出す。

「神長さん、パキスタンのなかでもフンザは特別だよ。村人の性格がとにかくいいんだ」

そう強くフンザ行きを勧めてくれた広島も、スキルブルムに登頂後、雪崩の爆風に

カリマバードの手前から望むラカポシ（右）とディラン。7000メートルの名峰がそびえる

逝ってしまった。長年の彼との約束を果たした安堵の溜息でもあったのだ。

さてそのフンザである。パキスタンの一地方でありながら、つい最近の一九七四年まで、フンザは旧王国の名で内政のすべてがミールと呼ばれる藩主に任されてきた。それだけ住民の独立心が旺盛《おうせい》、進取の気性に富んでいるという。しかも住民のほとんどがイスマイリ派に属しており、戒律もイスラムのほかの宗派に比べて穏やかで、女性の積極的な社会進出を促し、また学校や病院などの社会福祉への関心も高いという。

そしてなんといっても、イギリス人作家ジェームズ・ヒルトンの名作『失われた地平線』の舞台として脚光を浴びた「シャングリラ」という架空の地名が、理想の桃源郷として、また不老長寿の里としてフンザの名を高らしめてきた。老人たちがチャイを片手に談笑するその姿は、ゆったりとした時間の流れを感じさせ、穏やかな安息の地として俗世間との隔たりすらイメージさせるものだった。一方、ボール遊びに興じる子どもたちの歓声が谷の隅々にまで溢れていた。開放的なフンザの豊かさが、そうした子どもたちの歓声や女性の笑顔に象徴されているようだ。

「アッサラマレイクーン」

「こんにちは、マサミ」

学校から帰る途中の生徒たちから昌美に声がかかる。

フンザはいたるところで、アンズの花とポプラの林が美しいコントラストを描いていた

「メエエ」というヤギの鳴き声にニワトリや牛の声も混じる、なんとのどかで、時空を超えた谷なのだろう。

フンザの長老の一人、九十歳になったシャナワール・カーンは、その長寿の秘訣を語ってくれた。

「これまでは自分たちの畑で獲れた野菜やソバを作って、ほぼ自給自足の生活を送ってきた。みんな働き者だった。朝から暗くなるまでよく働いた。坂道ばかりのこの村中をよく歩き回ったものだね」

フンザは谷を開いて開墾したため、道は狭く、どこも坂道ばかりが続く。いまでこそ車やバイクの交通も増えたが、この村の生活の基盤は農業と歩きにあるといえるだろう。歩くことが、フンザの村人の不老長寿の秘訣にちがいない。

子どもたちの数も多い。彼らの笑い声や遊ぶ姿が村の至るところで見られるのだ。閉鎖的ではないのだが、民族の血が濃くなることだけが、懸念の材料になっているともいう。

そんな理想郷ともいえるようなフンザに、二〇一六年三月、私は、長谷川の妻・昌美と甥の治、そして登山学校の講習生でもあった浪貝悦子の三人とともに、長谷川のウルタルを偲んでこの地に来たのである。ナジール・サビール・エクスペデイション

長谷川昌美が創設したフンザの学校の先生たちとともに、私たちはウルタルⅡ峰のBCをめざした

ズのヌール・アミンの案内で、約十日という短い期間ではあったが、長谷川が常宿として利用していたというヒルトップ・ホテルを拠点にして足跡を訪ねることにした。

今回の旅の主要な目的は、ウルタルII峰のベースキャンプ（三三〇〇メートル）にある長谷川と星野清隆の墓参りである。一九九一年の遭難から早いものでちょうど二十五年、四半世紀の年月が経っていた。そのベースキャンプまでは村から約三時間ほどの道のりで、ハセガワ・メモリアル・スクールの校長をはじめ十人ほどの先生たちも同行してくれることになった。あいにくウルタルの谷には厚い雲がかかっていて、その全貌を知ることはかなわなかったが、天気が大きく崩れる心配はなさそうだった。

バルティット・フォートというかつての藩主の居城の前でルートを左にとり、やがて水路を目指すように登っていく。城を背後にして登っていくこと三十分ほどで、水路のはじまる地点に着いた。さらに一時間やや急な登山道を登ると、左手に巨大な峡谷の壁が目に入ってくる。昨日降った新雪が随所に見られるようになってくると、谷全体は三〇センチほどの積雪に覆われ、谷は大きく左に迂回して緩やかに登っていく。やがて「羊飼いの小屋」と呼ばれる小さな岩小屋が望めるようになると、一面雪で覆われたベースキャンプが広がっていた。

コーランの悲しい音色が響くなか、BC にある長谷川（右）と星野清隆の墓が並ぶ

これまで写真などで見ていたベースキャンプは青々とした雄大な牧草地をイメージさせるものだったが、積雪のためか、実際はずいぶん様子が異なっていた。目の前は一面、傾斜の少ない雪原が広がっている。二十張以上のテントは張れるだろう、雪に埋もれてはいるが、湧き水が豊富で清流もある、格好のベースキャンプ地であった。

そこから少し登った岩肌に、縦五〇センチ、横三〇センチほどの金属プレートに英語で、長谷川の功績が刻まれた記念碑が打ち込まれていた。そこには、こう記されていた。

「……同時に生涯にわたって自然や人々への豊かな愛情と、子どもや障碍者にクライミングを教えた業績を記す……」

さらに雪原を五分ほど登ると、コンクリートの柵で囲われた立派な大理石の墓が現れた。日本から運んできたという小さな狛犬が一対、墓を守っているかのようだ。背後にはフンザの谷、そしてちょうどウルタルに向かって右に星野、左に長谷川の墓が仲よく並ぶ。私たちは雪を払って花を飾り、日本から持ってきた彼らの好きな清酒とビールをお供えした。

まず先生たちがコーランの一節を朗々とした口調で唱え出した。静寂そのものの山々に、谷の隅々まで哀切のこもった音色が響き渡る。なんて美しく哀しい音色なのだろう。一面の雪の白さが、清らかさ、悲しさを募らせる。コーランの哀切のこもった音色が、そしておさえられた抑揚が、白い谷一帯をなめていくかのようだ。

あれからもう二十五年――。長谷川と星野がここに眠っていることがどうしても信じられない。複雑な思いでじっと手を合わせた。

「長谷川さん、星野さん、やっとここまで来ることができました」

あっという間のようでいて、すごく長い時間だったような気もする。それほど遠くない道のりなのに、私にはひどく遠く思えた。

「どうかくれぐれも安らかにお眠りください」

そんな言葉しか出てこない。あまりに感情が輻輳《ふくそう》していて、当たり前の言葉しか出てこないのだ。祈りながら、この二十五年を振り返る。私はいったいなにをしてきたのだろう。ただ時間を浪費していただけなのか、言いようのない焦燥感、なんとも表現のしようがない悔恨の情……。長谷川は酔うと決まって、登山の素晴らしさとともに、登山で自己を表現できる幸せを語っていた。その幾分かでも語る資格が、私にはあるだろうか。

妻の昌美は、なにを祈ったのであろう。甥の治は、講習生だった浪貝は、長谷川になにを語りかけたのだろうか。

ふっと現実に引き戻される。全員で献杯して、二人の墓の前で記念撮影した。

ウルタルII峰は相い変わらず雲に覆われていたが、ときどき薄日が差して雲が切れ、レディースフィンガーの特異な岩峰だけは垣間見ることができた。

サムライ・スピリット

二十五年前の一九九一年十月九日――。

すでにアタック態勢は整い、四九〇〇メートルのC1でのこと。長谷川とナジールは深夜に至るまで、BCから上げたばかりのウィスキーをチビチビ飲みながら、話に興じていた。

「ナジール、こんどこそウルタルに登るから、帰ったらフンザで盛大なパーティをやろう」

「ハセガワさん、ぜひやりましょう。地元の人に大勢来てもらって喜んでもらおう」

前年のウルタルII峰では、七三〇〇メートル地点まで到達したものの、猛吹雪で撤退したという悔いが残っている。万全の態勢で挑んだ今回こそ、初登頂を信じて疑わなかった。

「ハセガワさん、私の夢はフンザにクライミング・スクールを作って、若い登山家たちを育てることです」

「それはいい。私がはじめは準備をするから、ナジール、あとはフンザの人たちを中心にして運営すればいい」

飲むほどに二人のクライミング・スクールへの夢は膨らんだ。その晩、二人は三つの約束をした。フンザでの盛大なパーティ、フンザのクライミング・スクールの開校、そして登頂の成功だった。酒の勢いもあって大いに盛り上がり、いよいよ登頂も現実感をもって語られるようになったのだ。

しかしその後、ちょっとした議論になった。長谷川が翌朝の出発を八時にするという。

「ダメだ、ハセガワさん。時間が遅くなると、あそこは決まって雪崩か落石が起こる。六時にしよう」

「大丈夫だって。十月に入って気温も下がっているし、明日はC2へ行くだけだ。八時にしよう」

結局、八時の出発を受け入れ、それぞれのテントに入って寝ることにした。しかし、ナジールは興奮が覚めなかったのか、自分のテントに戻ったあと不思議な体験をすることになる。シュラフに入ったものの、なかなか寝つくことができずにうとうととしていると、突然、ある奇妙な声を耳にする。十歳くらいの子どもの声だろうか、異様な叫び声が聞こえてきたという。

「アリーフ」「アリーフ」

ありきたりな男の子の名前だというが、十歳くらいに聞こえたその子の性別はわからない。その声が耳について離れず、ナジールは怖くて長谷川に声をかけることもできなかった。また声がして、こんどはテントの周辺をアイゼンで歩く音がした。C1は雪がない岩場なのにである。

「ガチャ、ガチャ」

ヘッドランプで照らしてみたが、何も見えない。恐怖でその晩、ナジールはほとんど一睡もできなかったという。

ウルタルは、フンザでは特別な山だという。だれもがみだりに立ち入ることができない、いわば神聖な山として崇められていた。ナジールは、その山にいると思われる山の精霊に祈り、必死に無事を願ったという。

かつて父親から聞いていた話を思い出していた。「ガニッシュ」という聖水が湧き出てウルタルができたという創造神話、「母なる山」として崇められているため、むやみに登らないでほしいと言われたというのだ。ウルタルが「スピリチュアル・マウンテン」といわれる所以だという。この異様な体験と翌朝の雪崩との遭遇に、ナジールはしばらく霊的な存在への畏怖の念にとらわれて離れなかったという。

そして十月十日の朝——。

ナジールは、昨晩のことを長谷川に言い出すタイミングを失っていた。前日の打ち合わせどおり出発が遅くなってしまったし、ほとんど寝ていない。あの不可解な体験が頭から離れなかった。

まず長谷川がC2に向けて出発し、その五〇メートル後ろをついていく。一時間ほど登ったところに急なスラブがあり、後ろにいた星野が追いついた。星野は若いし、高所に順応もしていた。ここで、ナジールはセーターを脱ぐため立ち止まり、ちょっと休む。長谷川と星野からは、二〇〇メートルから二五〇メートル離れていたかもしれない。途中、長谷川は二度ほど後ろを振り返ったというが、ルンゼから雪壁に入ったところで見えなくなってしまった。新雪にユマールがうまくかからない、そのときだった。

「ドーン」

大きな音がして、雪崩の発生に気がついた。一瞬だが、赤とか緑のウェアが目に入った気がする。ザックを背負っていたのも忘れて急いで近づいてみると、五〇メートルにわたってデブリが続き、ザイルは寸断されていた。

ナジールの目の前から、長谷川と星野が忽然と消えてしまったのである。

＊

フンザに滞在中の二〇一六年三月十九日、私たちはハセガワメモリアル・パブリック・スクールに招かれて、盛大な歓迎を受けた。まず門から中庭にかけて、笛や太鼓が鳴るなかを三歳くらいの子どもたちが一列に並んで出迎えてくれる。校長室で、三十二歳という若いナジール・アマン校長から学校のレクチャーを受けた。

「生徒数は九一三人、うち六割が女生徒です。教職員は六十二人。生徒を大切にして、教師の教育にも力を入れています」

話によどみがなく、熱心によくしゃべる。そして最後をこう結んだ。

「私には夢がある。現在のカレッジを総合大学にし、日本の大学と連携してそれぞれの学生を交換留学させたいんです」

校庭に椅子が並べられ、村の長老や父兄たちも席に着いた。私たちには最前列に席が用意されていた。壇上に上がった小学生から高校生までが歓迎の歌や踊りを披露してくれる。彼らの歌と踊りがなんともかわいらしい。なかでも小学生低学年の日本語による「サクラ、サクラ」の合唱と、女生徒の歓迎の言葉に驚かされた。

「私たちは、この学校に来ていただいたみなさんを心から歓迎します」

流暢とはいえないが、きちんとした心がこもった日本語で歓迎のあいさつを受けた。客人に喜んでもらいたいという、歓待の気持ちがひしひしと伝わってきた。なんと二カ月も練習したという。私たちも踊りの輪に加わり、村人たちも踊ってにぎやかな宴となった。最後に昌美も地元の言葉ブルシャスキーで返礼のあいさつをし、式典は二時間ほどでお開きとなった。

いよいよフンザを離れる日、私たちは学校の近くにある女子寄宿舎を訪問する機会に恵まれた。十四歳から十八歳まで、遠方から来ている十五人ほどの女子学生が歓迎してくれ、それぞれに将来の夢を語ってくれた。

「エンジニア」「ドクター」「サイエンティスト」

なかには「クライマー」と答えて笑いを誘った女生徒もいたが、驚いたのは彼女たちの志の高さだった。長谷川の遺志が、時間を超えてこうして若い世代に引き継がれていくのだろうか。

私たちは、帰路、イスラマバードでナジール・サビールと再会した。しばらく日本から足が遠のいていたというが、彼は大の知日家で、かつK2、エベレストなどの八〇〇〇メートル峰の登頂経験も豊富な登山家だ。没後二十五年をどう思うかと尋ねると、インタビューの最後をこう締めくくってくれた。

「なにしろ目の前からハセガワさんが消えてしまったんですから、言葉にならないくらいショックでした。そもそも彼をウルタルに誘ったのは私なんですよ」

「そしてハセガワさんのサムライ・スピリット。クライミングの技術も素晴らしいけど、彼の山に向かう気持ち、挑戦する心、初登頂への思いはとても強かった」

ナジールは「サムライ・スピリット」という言葉を何度も使って、長谷川の山に向かう気持ち、強い精神力を表現した。長谷川恒男と星野清隆の二人の命は途絶えてしまったかもしれないが、聖なる山といわれるウルタルを介して、日本人とフンザ人の関わりが強まったことは間違いない。ウルタルは「スピリチュアル・マウンテン」だとナジールは強調するが、当時、未踏峰だったウルタルに長谷川を誘い、長谷川の山に向かう強い気持ちがまたウルタルに、フンザの人々に、精霊の力を与えているというのだ。

フンザに学校ができたことで、二十五年という時の経過が日本とフンザの関係に永遠の命を吹き込んだとすれば、そのさらなる熟成、強い結びつきを望まずにはいられない。

＊

フンザから帰国した約一カ月後のゴールデンウィーク、四月二十九日に私は昌美と甥の治を八ヶ岳山麓の美濃戸にある長谷川恒男記念庫に訪ねた。

中央自動車道を諏訪南インターチェンジで降り、ズームラインから鉢巻道路を左折して約十分強、車を走らせると、かつて宿泊施設だった太陽館を改装した長谷川恒男記念庫がある。八ヶ岳の登山口である美濃戸の手前、ヒノキ林の一角を切り開いた場所だ。

まだ十代の長谷川が、人生で初めて経験した冬山が八ヶ岳だったという。アルパインガイドという職業に就いてからは、多くの講習生を伴って頻繁に登山やアイスクライミングに訪れた思い出の地でもある。そこに一年前、太陽館を改造して、長谷川恒男記念庫をオープンさせたのだった。アルプスやヒマラヤで使ったウェアや装備、登攀具など約八十点ほどが展示されている。没後二十五年のその年、グランド・ジョラス北壁で使った装備や衣類を紹介する「第二展示室」が新たに開設されていた。

まず目を引くのが、二〇一〇年十月二十二日に受賞したピオレドール（黄金のピッケル）だろう。その年のもっとも優れたクライミングに対して贈られる「ピオレドール・アジア」。その第一回の特別賞に、クライミングを通じて社会に貢献したことが認められて長谷川恒男が選ばれたという。ソウルで開かれたその授賞式には、昌美も招待されて表彰された。

「記念館とか博物館というには、ちょっと大げさすぎる気がするんです。このくらいの規模なら個人的な展示物としてちょうどいいような気がして、記念庫と名づけました」

そう昌美は話してくれた。五月のゴールデンウィークは昌美も常駐し、往年のなじみのクライマーたちが訪ねてきて、長谷川の思い出話をしてくれるという。

記念庫の一角には、一九九一年のウルタルII峰の遺品が四点、特別に展示されていた。五三五〇メートルから四〇〇〇メートル付近の遺体発見現場まで流された装備類だ。ザックのなかにあったマルキルの水筒は、雪崩でデコボコにひしゃげていた。片方のアイゼンは、雪崩の衝撃でよじれていた。ケブラーのロープは、無残にも切断されていた。そして「十時十分」を指して止まっていた長谷川の腕時計――。

長谷川の人生の針は止まったままだが、訪ねてきてくれる人たちとの交流はゆっくりとだが続いているという。

長谷川が亡くなって八年、数多くの著作をもつ元新聞記者の本多勝一と、拙著『運命の雪稜』出版の際、対談させてもらったことがある。『定行進化』と登山家の死」というテーマで、話をしたときの本多の言葉を思い出す。そこで彼は次のように語っていた。

〈ヒマラヤ登山も一種の「定行進化」という話になってくると思うんです。定行進化とは、生物が一定方向に直進的に進化して歯止めがきかず、生存に不利になって自滅するという説ですが、この説の生物学的当否はともかくとして、最近のヒマラヤ登山をみていると、比喩として「定行進化」と言えないこともない〉(『運命の雪稜』山と溪谷社)

長谷川の遭難の原因とは直接結びつかないかもしれないが、ヒマラヤの高峰に挑み続けていると、ルートの難易度や登攀シーズンなど、より究極の困難性を求めていずれ遭難死へと向かっていくという、生物学上の「定行進化」と類似しているという考え方だ。長谷川は亡くなったときに四十三歳になっていた。ナンガ・パルバットのルパール壁で体験した究極ともいえる登攀は三十六歳、あのときはある種の「余裕」すら感じられる生還だった。しかしここ数年、日常生活での目の回るような忙しさ、毎年のように続けてきたヒマラヤ登山、そしてその一方で忍び寄る体力の衰えへの不安。その一瞬の隙を決して見逃さないヒマラヤ登山の厳しさ——。

〈アルピニストというのは、山を登ることによって自己表現のできる人のことだと考えている〉(『生きぬくことは冒険だよ』集英社)

かつて長谷川は、よくそう言っていた。そしてこうも言う。

〈私はそれが見えたとき、山を降りればいいと思っている。ほかの世界ではそれを引退と呼ぶだろうが、登山の世界では最高潮に達したとき以下の登山をしていけばいいのである〉

さらに続けてこうも語っているのだ。

〈年をとれば、アルピニストとして自分の極限を今以上に引き出していくのは、なかなか難しいことだ。しかしそれは現役のアルピニストを退くということではない。齢を重ねていつまでも第一線のアルピニストでいられるわけがない。しかしヒマラヤの八千メートル峰は不可能でも、こんどは七千メートル、六千メートルというように高度をさげていく登山なら可能である〉(『山に向かいて』福武書店)

すでに自分の将来を予見しているような言葉である。どこかで自分の限界を認識していたのだろう。と同時に、いつも登攀スタイルにこだわり、その思いを表現してきた。しかし、ガイド業をフル回転させながらの毎年のヒマラヤ登山は過酷だったはずだ。登頂の夢を果たせず、なにかに追いかけられるようにして、足早に逝ってしまった。

ヒマラヤでの自己表現は未完のまま、完結することはなかった。

長谷川恒男年譜

1947年	0歳	12月8日、神奈川県愛甲郡愛川町半原に生まれる。
1963年	15歳	3月、神奈川県横浜市立岩崎中学校卒業。4月、日本コロンビアに入社。
1964年	16歳	県立神奈川工業高校機械科（定時制）入学。八ヶ岳で初めて冬山を体験。
1969年	21歳	新潟県の明星山の岩壁に4本の新ルートを開拓、冬季登攀を次々に行なう。
1971年	23歳	退社後、日本アルパイン・ガイド協会の公認ガイドとして活動をはじめる。
1973年	25歳	第二次RCCのエベレスト登山隊に参加、8300メートル地点で隊員のレスキューに当たる。
1974年	26歳	3月4日、谷川岳一ノ倉沢に残された最後の冬季未踏ルート、滝沢第三スラブの初登攀を単独で成功。
1975年	27歳	1月、単独で北アルプス穂高岳の冬季連続登攀。
1977年	29歳	2月16日、マッターホルン北壁シュミットルート冬季単独登攀。
1978年	30歳	3月9日、アイガー北壁ノーマルルート冬季単独初登攀。
1979年	31歳	3月4日、グランド・ジョラス北壁ウォーカー側稜冬季単独初登攀、アルプスの三大北壁冬季初登攀者。
1980年	32歳	アルパインガイド長谷川事務所を設立。アンデス・アコンカグア北面ノーマルルート冬季単独初登頂。
1981年	33歳	8月17日、アンデス・アコンカグア南壁フランスルート冬季単独初登攀に成功。
1982年	34歳	パタゴニア・フィッツロイ北東壁新ルートを試登。
1983年	35歳	自然を守り自然に親しむ会（NAPAL）代表。10月、ネパール・ダウラギリ1峰北東稜から登攀。
1984年	36歳	5月、パキスタン・ナンガ・パルバット南西稜から登攀。10月、ナンガ・パルバット中央側稜から単独で登攀。
1985年	37歳	10月、中国・チョモランマ北東稜から登攀。
1987年	39歳	日本アルパイン・ガイド協会の専務理事に就任。12月、中国・チョモランマ北東クーロワール冬季登頂に挑む。
1988年	40歳	10月、中国・チョモランマ北東クーロワール冬季登頂に挑む。
1990年	42歳	パキスタン・ウルタルⅡ峰南西壁から挑むが、頂上直下7300メートル地点で断念。日本山岳ガイド連盟設立、副理事長に就任。
1991年	43歳	10月10日、パキスタン・ウルタルⅡ峰南西壁から再度挑むが、雪崩により遭難。

星野道夫

生命へのまなざし

星野道夫（ほしの・みちお　1952年〜96年）

千葉県市川市生まれ。写真家、執筆家。慶應大学卒業後、動物写真家の助手を経てアラスカ大学野生動物管理学部入学。野生動物を中心に撮影を始め、雑誌に発表。第3回アニマ賞、第15回木村伊兵衛写真賞を受賞。執筆活動にも精力的に力を注ぎ、著書、写真集、写真展など多数。ヒグマ事故で死亡。

遠くを見る目

私たちが僻遠の地とか辺境とかいった非日常の生活からイメージできるものは、ごくごく限られたものでしかないような気がする。たとえば北海道の日高山系・幌尻岳の七ツ沼カールに輝く残雪の光景とか、知床岳への行く手を阻む執拗なハイマツの密生地帯とか、原生、原始の手つかずの自然をイメージすることはたやすいことではない。しかも野生の動物、それもヒトの侵入を長年拒んできた大地を悠然と歩くヒグマの姿となると、なおさら想像するのが難しくなるだろう。その姿は実際に見られるものではないし、どうしてもイメージに頼らざるを得ないだけに、ひどく現実感の乏しいものになってしまう。

一方、まったく逆に、都会の通勤電車のなかの光景なら、だれでも容易にイメージできるにちがいない。混雑する電車のなか、出勤途上のサラリーマンの不機嫌そうな表情やスマホの操作に余念がない学生たちの姿など、日常どこにでもあるありふれた光景だ。

そしてこのふたつは、ほぼ対極にあるといっていいだろう。あまりにかけ離れて存在しているがゆえに、両者が同列に並ぶことなどありえない。少なくとも私はそう思っていた。

だから、星野道夫が書いたヒグマのエピソードをいまでも鮮明に思い出す。星野がまだ学生のころ、東京の学校に通うため電車に乗っていたときのことを回想したもので、都会の電車のなかで北海道のヒグマに思いを巡らしていたという、あの話である。東京の大都会と北海道の野生、生活に追われる人々と深い森に潜むヒグマの息づかい。その遠く隔たったふたつの局面が、同じ時間と空間を共有しているということを思いやる星野の感性とその不思議さ――。

星野がそうしたヒグマへの思いを都会で抱いていたことに、私は強い衝撃を受けた。私には、電車のなかでヒグマに思いを巡らす素地はまったくなかった。ヒグマを、それも都会とはなんの脈絡もなく生息している一頭のヒグマを連想する星野に、ただただ愕然とさせられたのである。

星野の本にはこう書かれていた。

〈ぼくは北海道の自然に強く魅かれていった。その当時、北海道は自分にとって遠い土地だった。多くの本を読みながら、いつしかひとつのことがどうしようもなく気にかかり始めていた。それはヒグマのことだった〉

「もうひとつの時間」とタイトルのついたエッセイのひとこまで、すぐにこう続く。〈大都会の東京の電車に揺られている時、雑踏の中で人込みにもまれている時、ふっと北海道のヒグマが頭をかすめるのである。ぼくが東京で暮らしている同じ瞬間に、同じ日本でヒグマが日々を生き、呼吸をしている……確実にこの今、どこかの山で、一頭のヒグマが倒木を乗り越えながら力強く進んでいる……そのことがどうにも不思議でならなかった〉(『旅をする木』文藝春秋)

日常の通学途上の電車のなかで、どれだけの人がヒグマに思いを巡らせるものなのか、まったく驚くべきことであった。「十代の少年には、そんなことがひっかかってくる」と星野は書いているが、十代の少年ならなおさら考えられないことである。少なくとも、ほぼ同世代である私にはまったく思いもよらないことだった。星野は、平等に同じ時間が流れている不思議さを書いているのだが、そのヒグマのシーンを想像し、思いを巡らせることなど日常生活のなかではありえないことだった。私が星野を強く印象づけられたのはそのときだった。

そしてもうひとつ。時間はさかのぼるが、小学校の卒業文集に、驚くべき言葉が残されている。六年一組の寄せ書きに星野は太い書体でその言葉だけを書いている。

「浅き川も深く渡れ」

『世話尽《せわづくし》』という俳諧に関する諸注意を記した本にある言葉で、十七世紀の僧・皆《かい》虚《きょ》の著だという。「川が浅いからといって、油断してはいけない。浅い川でも深い河と同じように用心深く渡れという、油断を戒める言葉」という解説がある。光の屈折のために、川は実際の深さより浅く見えるから、用心しろという意味だというが、星野はどんな思いでこの言葉を卒業文集に載せたのだろう。十二歳の少年がどこでこの本を見つけ、どのような思いをもって引用したのだろうか。しかもこの言葉の意味を、浅い川も渡りようによっては深くにも渡れると、つまり自然の神秘性、不思議さを洞《どう》見《けん》する意味で引用しているのだとしたら……。

のちに星野は、こうも書いている。

〈人間の気持ちとは可笑しなものですね。どうしようもなく些細な日常に左右されている一方で、風の感触や初夏の気配で、こんなにも豊かになれるのですから。人の心は、深くて、そして不思議なほど浅いのだと思います。きっと、その浅さで、人は生きてゆけるのでしょう〉(『旅をする木』文藝春秋)

自然の川を、人の気持ちや人生に置き換えて表現しているのである。

小学校の卒業文集には、通常は直截的な将来の夢や希望を書くことが多いと思うが、こうした隠喩的な意味合いの言葉を載せることはそうあることではないだろう。いまとなってはその真意を聞くことはできないが、その言葉には少年の不思議な、それでいて深い洞察力が感じられるのである。

＊

星野は一九五二年、千葉県市川市のサラリーマンの家庭に生まれた。二人の姉と三人姉弟のごく普通の子ども時代だったというが、先の卒業文集にあるように少年のころから不思議な感性をもっていたのだろう、いつもどこかで、はるか遠くの出来事に思いを馳せるような少年だった。さらにそのころから、未知への憧れや異国への思慕が人一倍強かったと思われる。

中学を卒業すると、全国でも有数な有名私立の進学校に入学する。勉強もよくできたのだろうが、星野はそれだけでは収まり切れなかった。中学生のころから温めていた「遠くを見る目」、海外への憧れが高校になってますます膨らんでいく。まず父親を説得して理解を得、資金の援助を受けて、とうとう海外への夢を現実のものとしてしまう。未知に対する憧れを自分のなかで大切に育て続け、アメリカへの一人旅を実行に移したのだ。

高校二年生だった一九六九年の夏、アルゼンチナ丸というブラジルへの移民船に乗って、星野は単身、アメリカへ渡る。そして長距離バスやヒッチハイクなどをしながらアメリカ、メキシコ、カナダを四十日間にわたって旅をする。それも十六歳の少年の一人旅であった。

〈町から離れた場末の港には人影もまばらで、夕暮れが迫っていた。知り合いも、今夜泊まる場所もなく、何ひとつ予定をたてなかったぼくは、これから北へ行こうと南へ行こうと、サイコロを振るように今決めればよかった。今夜どこにも帰る必要がない、そして誰もぼくの居場所を知らない……それは子ども心にどれほど新鮮な体験だったろう。不安などかけらもなく、ぼくは叫びだしたいような自由に胸がつまりそうだった〉（『旅をする木』文藝春秋）

一九六九年といえば、全国に大学紛争の嵐が吹き荒れ、一月には東大安田講堂に機動隊が導入されて入試が中止された年でもある。大学紛争の激震は高校生にまで広がり、多くの若者たちが「闘争」という波に、政治の嵐に翻弄される激動の時代だった。

その大変な時代にあって、星野は十六歳という年齢のためか、または直感的に学生運動になじまず距離をとろうとしたのかはわからないが、紛争の洗礼を受けることもなく、自らの手で自由を獲得してそれを謳歌していた。自由を得た喜びが、文章の随所に表れている。また、一人の日本からの若者を安全に受け入れるだけの包容力が当時のアメリカにはあったのである。こうして十六歳の高校生は十分な手応えをつかんで帰国することになる。

星野は十代の終わりごろからはるか遠く、それも北方への憧れをさらに強く持つようになるのだが、まだそれは漠然としたものだった。大学に入り、探検部に入部して活動を始めるが、まだなんとなくいつかアラスカへ行くだろうという程度のものだったという。しかし、一枚の写真が星野の将来に決定的な転機をもたらすことになる。神田の洋書専門の古本屋で見つけたアラスカの写真集。ある荒涼とした北極海に浮かぶ小さなエスキモーの村を空から撮ったものだったが、その写真に星野は釘づけになってしまう。キャプションにある村の名前は「シシュマレフ」。星野はその村の名前を頼りに村長に手紙を書いた。

「私は雄大なアラスカの自然と動物に大きな興味をもっています。だからあなたの村を訪れてみたいです。仕事はなんでもしますから、どこかの家においてもらえないでしょうか」

星野のなかでアラスカへの想いは膨らみ続けていたのだろうが、実際にアラスカへの憧れを手紙に書き、投函してしまう。その想いが通じたかのように、半年待っても来なかった返事が突然来た。夏はトナカイの角切りの季節、手伝いにいらっしゃいというものだった。一九七三年、星野二十歳の夏、またひとつの夢が現実になる。

シシュマレフというエスキモーの村へ行って、星野は三カ月、彼らと生活を供にする。トナカイの角切り、北極海のアザラシ猟、クマとの遭遇、太陽の沈まない白夜の夜、そしてエスキモーの家族との生活、なにもかもが新鮮だった。なによりも大きかったのは、地の果てと思っていたアラスカの僻遠の地にも人間の生活がある、という当たり前のことだった。

〈どんな民族であれ、どれだけ異なる環境で暮らそうと、人間はある共通する一点で何も変らない。それは、だれもがたった一度のかけがえのない一生を生きる、ということだ。世界はそのような無数の点で成りたっている、ということだ〉(『星野道夫著作集』第五巻、新潮社)

シシュマレフに暮らすそのエスキモーの家族を、私も後年訪ねることになるのだが、それはまだ先のことである。

帰国後、星野にはひとつの確信のようなものができつつあったのであろう。はるか遠くだと思っていたものが、じつはそれほど遠い将来のことではなく、ある現実感をともなって考えられるようになる。

一九七四年の夏、星野は妙高の焼山で起きた噴火によって一人の親友を亡くしてしまう。将来の夢を語り合ったであろう友の死が、星野の思いをさらに強いものにした。それは「好きなことをやる」という、当たり前のことだった。そしてアラスカへ行こうという強い意思が固まる。大学卒業後二年間、動物写真家の助手を務めた後、一九七八年、二十五歳の一月に日本を出発して、フェアバンクスにあるアラスカ大学野生動物管理学部に入学する。こうして憧れのアラスカ生活が始まるのである。

ちなみに私も一九七三年、大学四年の秋、星野がシシュマレフで三カ月暮らしたのとほぼ同じ時期、学校を休学してアメリカに渡った経験がある。初めての海外、夢のような気持ちで羽田を飛び立ったことが昨日のことのように思い出される。高校時代から旅行が好きで一人旅を繰り返し、大学時代には長期のアルバイトをして資金を貯めて海外へ旅立った。比べるのもおこがましいが、若者特有の未知への憧れは星野と同じように強かったと思う。ただ決定的な違いがあった。私には場所へのこだわりがほとんどなく、したがって目的意識も漠然としたものだった。だから休学という中途半端な選択になったのだ。それはともかく半年ごとに四回ほど場所を変えて二年弱、学校に行ったり働いたりしながらの「遊学」生活を送ったのだが、私が滞在していたのは中西部のミシガン州を除いて、ニューヨークやサンフランシスコなどの大都会ばかりだった。アメリカへ行きたいという漠然とした思いだけで、場所はどこでもよく、どちらかといえば資金を稼ぎやすい都市部ばかりを選んでいた。

しかし、星野は明らかに異なっていた。アラスカでなければならなかったのである。すでに高校時代に北米を旅行したうえで、次はアラスカでなければならず、動物写真家としての道を自らが切り拓いていかなくてはならなかった。

写真家と文筆家

星野は慕い焦がれたアラスカの地で勉強を続けながら、念願のフィールド撮影を始めるようになる。まずデナリ国立公園でドールシープ、ナキウサギなどの撮影をし、やがて北極圏の大型動物たち、グリズリー、カリブー、ムース（ヘラジカ）、そしてドールシープやハクトウワシなどの撮影に向かった。なかでもツンドラの彼方から突然現れ、数十頭から時には数百頭の群れとなって一〇〇〇キロも場所を移すカリブーの季節移動は、星野の心に強い衝撃を与えた。一九八〇年五月のことである。

北極海
N
0
200km
ポイント・バロー
ポイント・ホープ
アラスカ
イヌビク
シシュマレフ
ベーリング海峡
コッツビュー
フォートユーコン
サークル
スワード半島
ユーコン川
フェアバンクス
ドーソン
カナダ
ノーム
マッキンリー
(デナリ)
6190
デナリ国立公園
ウナラ
クリート
タルキートナ
アンカレジ
ホワイトホース
カトマイ
国立公園
ベーリング海
アラスカ湾
グレーシャー・ベイ
国立公園
ジュノー
アラスカ半島
太平洋

〈一瞬、風の切れ目がオレンジ色のベールをぬぐい去り、黙々と行進するカリブーのシルエットが逆光に浮かびあがった。ぼくは飛ばされそうな三脚に体を乗せ、レンズにしがみつくようにしてシャッターを切った。寒さも何も忘れていた。もし自分のアラスカを一枚の写真で見せろと言われたなら、ぼくは今でもこのときのブリザードの中のカリブーを選ぶだろう〉(『アラスカ　光と風』福音館書店)

アラスカの大地を疾走するカリブーの群れを無我夢中で撮影したにちがいない。時間との勝負、それでいて何千カットと撮影を続ける星野の姿。待ちに待った後にかなえられた撮影の達成感と、静かに湧き上がる興奮が目に浮かぶようだ。その成果が、一九八一年三月号の『アニマ』に「極地のカリブー　一〇〇〇キロの旅」となって発表された。星野にとって雑誌に掲載された初めての記念すべき記事だった。以後、『アニマ』や『アサヒグラフ』などの写真雑誌を中心に作品を発表していくことになる。

一九八五年には『ヤマケイ・グラフィック』秋号に、「アラスカ――その大自然と動物たち」と題してカラー十六ページを使って写真が組まれている。カリブーの移動やアラスカヒグマ、広大なアラスカの大自然や山の写真が見開きで何ページにもわたって展開されていた。四季を追ったテキストからは、星野の野生への賛歌と動物たち

望遠レンズで動物たちの姿を追う星野道夫（写真提供＝星野道夫事務所）

への温かいまなざし、そして油田開発による生態系への危惧などが読みとれる。ちなみに同誌は、『山と溪谷』の臨時増刊として一九八四年五月に創刊された季刊誌で、A4変形判、平綴じの薄い雑誌だったが、当時は水越武や岩合光昭、高野潤、岡田昇など新進気鋭の写真家の発表の舞台として注目されていた。

そのころ私は『山と溪谷』の編集部に所属し、特集記事はもちろん、ヒマラヤの高峰や山岳遭難などのノンフィクションの記事を積極的に担当していた。動物写真とは少し分野が異なるとはいえ、当然、星野とは編集部で何度か会っていたと思うのだが、不思議とその記憶がない。やがて星野は、『週刊朝日』や『アニマ』『Mother Nature's』『シンラ』などの自然系の雑誌を中心にして活躍、実績を伸ばしていくのだが、逆に山と溪谷社とは疎遠になっていったようだ。何があったのか知る由もないが、私自身は彼の写真のファンだっただけに、なぜもっと積極的にアプローチしなかったのか悔やまれてならない。ヒマラヤをはじめとする大きな遭難事故がたびたび起こり、月刊誌の仕事に忙殺されていたということもあるだろう。一方で星野は星野で、アラスカの撮影でほとんど日本に帰ってくることもなかったにちがいない。相変わらずカリブーやグリズリー、ムースやドールシープの撮影に飛び回っていたはずだ。接点は希薄なまま、私からグラフ用に写真を依頼することもなく、すれ違いが続いてい

白い息を吐くホッキョクグマのつがい（写真提供＝星野道夫事務所）

た。

いずれにしても星野のそうした写真活動が認められて、一九八六年、『グリズリー』（平凡社）で第三回アニマ賞、一九九〇年、『Alaska　風のような物語』（『週刊朝日』連載）で第十五回木村伊兵衛写真賞を受賞している。写真家として着実に実績を積み上げ、高く評価されるようになっていった。

アラスカに渡った初期の星野は野生動物の撮影に奔走していたが、割と早い時期から作風に変化が見られるようになっていた。通常、動物写真家は望遠レンズで彼らの一瞬の表情や動きを捉えることに専念するのだが、星野のアプローチの仕方はやや異なっていた。動物のアップ写真にはあまりこだわらず、彼らの生態系を広く視野に入れた写真が多くなったのだ。アラスカの広大な自然、景色のなかに野生動物をさりげなく写し込んだものが多くなり、そうした写真を何枚も残している。たとえば、デナリ国立公園でマッキンリーを背景にワンダー・レイクにたたずむムースの親子、北極海沿岸に白い息を吐きながら走る二頭のホッキョクグマの写真、そして飛び跳ねて溯上するサケと相対したグリズリーの写真などなど——。どの写真からも豊かな詩伝わってきて、ドラマ性が感じられる写真ばかりだった。親子の愛情、兄弟の戯れ、

溯上してきたサケをねらうグリズリー（写真提供＝星野道夫事務所）

種の保存のための闘いなど、野生動物特有の「生命」が感じられる写真が多い。ある種の「空気感」や「気配」をとても大切にして、自然の情景を写し込んだ写真である。

さらに仕事は写真だけにとどまることなく、執筆活動にも積極的に携わっていくようになる。

アラスカという広大な野生の大地を旅しながら撮影を続けていたために、星野には時間と空間が十分にあったはずだ。野生動物の生態からある程度の予測はつけられたのだろうが、何日も、時には何週間もその出現を待たなくてはならないこともあった。たき火をしてキャンプをしながら、じっと待つ時間。たき火さえあれば、それもさほど苦にならなかったのだろう。そしてその大半を読書に当てていたという。

星野は読書家としても知られていた。何冊もの本を持って歩き、繰り返し繰り返し読んだという。旅を重ね、本を読み、思いをノートに書き留める。さらにその繰り返し、その時間。目の前には、雄大なアラスカの自然が広がり、そこからテーマが導き出される。アラスカとそこに住む人びと、そして古老に伝わる伝統の暮らし、題材には事欠かなかったはずだ。旅を重ねるなかで、星野の表現力はアラスカの大地でさらに深く、広く、深遠になったといえよう。時に時間や空間を超えて、空想や非現実の世界に遊ぶことがあったかもしれない。その際に醸し出され、紡ぎ出された文章の

タテゴトアザラシの赤ちゃん（写真提供＝星野道夫事務所）

数々――。

こうして写真家とともに、文筆家としての能力も磨かれていった。なかでも『イニュニック（生命）』（新潮社、一九九三年）と『旅をする木』（文藝春秋、一九九五年）は、傑出した紀行文学として私たちの心をいまも強く打つ。

北海道のヒグマの話に驚愕した私だったが、山の雑誌に長く携わっていたため星野との直接の接点が少なかったことはすでに述べた。だが偶然、新宿の南口で会ったときのことははっきりと覚えている。たしか一九九三年の秋だったと思う。アラスカのマッキンリーに毎年夏、学生を連れて登っていた登山家の大蔵喜福《よしとみ》と一緒だった。比較的すいていたので日曜日だったのだろう、新宿の飲み屋のテーブル席に陣取り、ほぼ同世代だったこともあって、すぐにうち解けて話がはずんだ。ふだん酒を飲まない星野だったが、その日は肴をつまみに饒舌に語っていた。

「アラスカの撮影は、小型機をチャーターするため非効率でムダが多いんです。でもね、眼下の自然は素晴らしい」

「まったくヒトの手が入らない自然でしょ」

「そう、まさに手つかずの大地です。ツンドラに大河が蛇行している」

「いつか、行ってみたいですね。そんな自然、見たことがない」

「一人のテント生活では、たき火が最高に楽しかった。文明から遠く離れたぶんだけ、自然と対話するような時間もたっぷりありましたから」

「撮影待ちの時間は、苦にはならなかったですか」

「そりゃ、なかなか思いどおりにはいきません。でも対象は広大なアラスカの自然です。パチパチ音を立てるたき火を見ながら、ゆっくり本も読めました」

当時、星野は結婚した直後で、私生活にも仕事にも充実した時期だった。ちょうど『イニュニック』(新潮社)を校了するころだったのだろう。アラスカの家のことやテントでの撮影、書籍の出版のことなど話題は尽きなかった。もっと多くのことを聞いておきたかったが、そのときは時間切れとなり再会を約束して別れた。


その後の星野は、写真家、文筆家に「語り部」としての役割が加わるようになる。彼はよく南東アラスカやブルックス山脈の麓を旅したが、その際、クリンギット・インディアンやアサバスカン・インディアンの古老を訪ねる旅が多くなった。「ラスト・フロンティア」といわれたアラスカも、狩猟民族の伝統がどんどん失われていく現実を目にしていたはずだ。油田開発の波がさらに人びとの心の荒廃を押し進めた。

ひとつの時代が終焉を迎え、アラスカの人と自然が失われていく。その危機感と焦燥感はいかばかりのものであっただろう。だから星野は古老を現地に訪ね、彼らの話に耳を傾け、記録しようとしたにちがいない。古老たちの神話をひとつの物語として紡ぎ、将来に向けて子どもたちへの「語り部」となろうとしていたのだ。

この世の創造主として知られるワタリガラスの神話を求めて、星野は森の声を聞く旅によく出ていた。そんな矢先のヒグマの事故だったのである。再会を約束した星野が、こんなに早く不慮の事故で亡くなるとは思いもしないことだった。

再生への試み

〈東京放送（TBS）の人気番組「動物奇想天外」のロケでロシアを訪れていたアラスカ在住の動物写真家星野道夫さん（四三）が八日、ヒグマに襲われて死亡した〉（朝日新聞一九九六年八月九日朝刊）

朝刊の社会面に星野の顔写真を見つけたときの驚きは忘れられない。著名な登山家の遭難の場合など、テレビ局や新聞社から唐突にコメントを求められ、逆に事故の概要を教えられてびっくりすることがよくあるが、星野のときは見慣れた顔写真がすぐ目に飛び込んで事態が飲み込めた。テレビをつけて朝の情報番組にチャンネルを合わせると、ヒグマの映像とともに星野の事故が報じられていた。あれほど注意深く動物と接してきた星野だったが、ちょっとした時間と位置のズレ、条件の違いが彼の生命を奪ってしまったということか——。

ただやはり、テレビのロケ中の事故という点が少し引っかかった。星野はアラスカ大学の野生動物管理学部で生態を学び、写真の世界に入っていった。ヒグマの生態に関しても詳しく、行動には細心の注意を払っていたはずだ。テレビ撮影ということで、どこかで無理をしていたのではないだろうか。とくに原稿の締め切りが迫り、執筆にかかり切りになっていたという。

その点に関しては、のちに十年の歳月をかけて北海道新聞の記者、小坂洋右が事故の顚末を追跡した書籍を著し、山と溪谷社から出版されている。その本のなかで、小坂は次のように総括している。

〈ロケに当たって細かな事前調査が行われなかったこと、到着より以前にヒグマが小屋に侵入していたことが危険と結びつけられて認識されていなかったこと、現地に入ってからも小屋にべたべたと成獣のクマの足跡がつき、人間を恐れない異常な行動を示す個体がたびたび出没していながらスケジュールが淡々とこなされていたこと……。

それらすべてを考え合わせれば、(略)「誰も悪いひとはいなかった」。しかし同時に、「正しい人もいなかった」のだ〉(小坂洋右・大山卓悠著『星野道夫　永遠のまなざし』)

やがて時の経過とともに、残された人たちによる再生への試みが続くことになる。それは星野がいない空白をなんとか埋めようとする試みでもあった。

ヒグマの事故からほぼ一年が経った一九九七年九月十九日、私は東京・渋谷の青山ブックセンターで行なわれた、作家の池澤夏樹の講演会会場にいた。青山ブックセンターの一角には星野のアラスカの写真が飾られ、その前には小さな簡易ステージが設置されて、並べられた椅子席はほぼ満員の盛況だった。暑い夏もようやく峠を越し、爽やかな秋風が吹きはじめた屋外で、池澤の「終わりのない旅」の話が始まった。そのころ池澤は盛んに文章や講演、対談などで星野のメッセージを私たちに伝えようとしていた。アラスカの写真と動物の話に始まり、古くから行なわれていた狩猟の話、そして古老から聞いたワタリガラスの神話などを中心に星野の内面にまで踏み込んだ、心に残る話だった。

なお余談になるが、このときの池澤の話にひとつの付加価値がもたらされた。講演会の終了後、会場で池澤にあいさつをすると、その場である企画を提案されたのだ。この講演会より前、九七年の三月に北海道の知床で、流氷の海へシーカヤックで旅をしたときの体験を『山と溪谷』で記事にできないかというものだった。リスク・マネージメントをテーマにしたもので、危機管理の概念が現在ほど顕著ではなかっただけに、私は即座に同意してすぐに原稿に取りかかってもらった。一九九八年一月号に、「危険の感知」というタイトルでカラー四ページ、「リスク・マネージメント」というテーマで、池澤とカヌーイストの内田正洋との対談を本文六ページで掲載することができた。

それはともかく、当時の池澤は星野のヒグマでの事故の前後にわたって、語り部の役を星野に代わって務めているように思えるほど、著作や発言が多岐にわたった。それは四〇〇ページにおよぶ大著『旅をした人――星野道夫の生と死』(スイッチ・パブリッシング)という書籍によく表れている。

その講演会からさらに一年後の一九九八年九月十七日から二十八日まで、東京・銀座の松屋デパートの最上階で写真展「星野道夫の世界」が開催された。朝から大勢の来場者が並び、会場は大変な混みようで一階にも列ができたほどであった。大きく伸ばされたアラスカの自然やグリズリー、カリブー、ザトウクジラなどの写真の前には二重三重の人垣ができ、若い女性からお年寄りまで年齢層の幅が広く、その人気ぶりがうかがえた。だれもが食い入るようにその写真を見つめ、自分の気持ちを重ね合わせているような感じさえした。なかには熱心にメモをとる人の姿も見られた。

そうした大判に伸ばされた写真とともに、星野の本から引用された何点もの短いフレーズが、私たちに自然と人間のつながりを強く訴えかけてきた。

「人との出会い、その人間を好きになればなるほど、風景は広がりと深さをもってきます。やはり世界は無限の広がりを内包していると思いたいものです」

「自然は時折、物語をもった風景を見せてくれる。いや、そうではなく、きっと、僕たちをとりまく風景はすべて物語に満ちているのかもしれない。ただ、人間にそのパズルが読めないだけなのだ」

写真とメッセージが相乗効果となって、私たちの想像力を喚起してくる。写真の前でじっと見入ったまま動かない女性が多かったことはすでに述べた。それだけ星野の写真と言葉には力があるということなのだろう、このときの写真展にはじつに四十三万人の来場者があったという。

写真展はその後も、〇三年四月「星野道夫の宇宙」、〇六年八月「星のような物語」と何年かに一度開催されている。それぞれ松屋デパートだけで十日間の会期中、十二万人から十三万人の人々でにぎわったという。

こうした三回にわたる大きな写真展をはじめ、星野の写真集や書籍のデザインの大半を手がけてきたのが、装丁家の三村淳だった。私も雑誌のデザインや書籍の装丁を何冊か頼んだことがあるが、その構成力には定評があった。

「星野が一度、ザックにフィルムをごっそり詰めて、横浜の事務所まで持ってきたことがあるんです。写真を見てほしいって言って」

「三村さんは、若手の写真家をずいぶん育ててきましたよね。私も三村さんに頼めば、予想以上のものを作ってくれると思っていました。実際、何冊も出来上がったし」

「星野の写真集は、『グリズリー』は平凡社がデザインしたけど、二冊目の『ムース』以降はほとんど私がデザインしました。『週刊朝日』の連載もそうだったしね」

「星野さんの写真展を構成する際、どんなことに気をつけていたんですか」

「そう、写真をただ並べるだけの写真展ではなくて、星野の文章を抜粋して、とくにその並べ方や構成に気をつかいました。彼のメッセージ性を強調するには、文章と写真のバランスがすごく大切なんです」

その三村に頼んで『山と溪谷』二〇〇六年八月号でも、特別企画「星野道夫からのメッセージ」という追悼十周年企画をカラーで組んでもらった。それぞれに「旅人へ・新しい旅」「野生へ・早春」「森へ・森に降る枝」「自然へ・アラスカ山脈の冬」と四つのブロックに分け、星野の文章から抜粋して引用し、写真展と同じようにメッセージ性を強調した特集をデザインしてもらった。写真も文章も、これまでの『山と溪谷』にはない、時間、風、闇などの「気配」が感じられるようなグラフに仕上げてくれたのはさすがである。もちろん、星野からのメッセージが随所に込められていた。

シシュマレフとクリフォード

双発のツインオッターが高度を下げはじめた。やがて海岸線が弧を描き、シシュマレフが島嶼《とうしょ》であることがはっきりと認識できた。やっと北極圏の孤島、シシュマレフに来たのだ。アンカレジからノームに一泊立ち寄っただけなのに、飛行機の乗り継ぎが多かったせいか、気の遠くなるような長い旅だった。

シシュマレフは北緯六六度一五分、西経一六六度四分にある北極圏最南に位置する。アラスカのチュクチ海に浮かぶサリチェフ島のスワード半島北部にあり、ベーリング海に面している人口六〇〇人、面積七・二平方キロほどの小さな島だ。アザラシやセイウチ猟など伝統的な狩猟採集を生業とするエスキモーの村である。

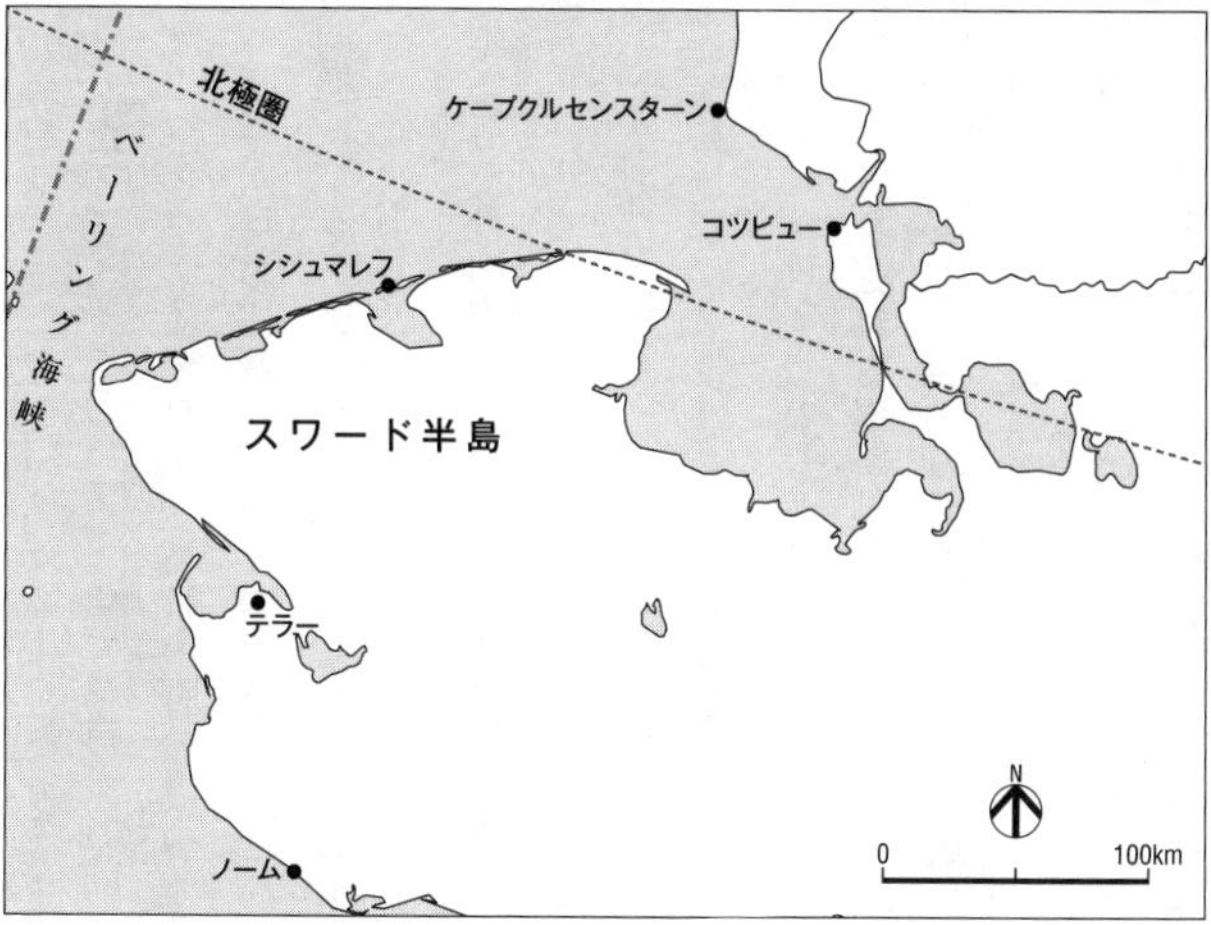
北極圏
ベーリング海峡
ケープクルセンスターン
コツビュー
シシュマレフ
スワード半島
テラー
ノーム
N
0
100km

その小さなエスキモーの村を空から撮った一枚の写真が、星野の人生に決定的な転機をもたらした。「シシュマレフ」という村の名前と、星野を受け入れてくれた村長のクリフォード・ウェイオワナ。私は星野の妻の直子からクリフォードの連絡先を聞き、二〇一四年六月の三週間、白夜のアラスカを訪ねる旅に出た。同行してくれたのは、星野同様、アラスカの自然に魅せられて写真家になった柳木昭信だった。

島に一本あるだけの滑走路に、双発機は降り立った。乗客は私たち二人だけ。もちろん空港ターミナルも搭乗カウンターもない。あるのは鍵の閉まった格納庫が一棟と「ようこそ、シシュマレフへ」と書かれた小さな看板があるだけだ。野菜や果物などの食材を下ろすと、双発機はすぐに飛んでいってしまった。

寒い。風が強く、明らかに気温が下がりはじめている。

「どこかにテントを張れる場所がありますか」

野菜を忙しくバギー（四輪の小型車）に積み込んでいた一人の男に聞いてみた。飛行場と積み荷の管理を任されているという。

「そこに海岸の砂浜が見えるだろう。どこにだってテントは張れるさ」

荷物の仕分けを終わると、その男はバギーにまたがり、村の中心部へ帰っていった。

とうとう二人だけで残されてしまった。それにしても風が強い。海から強風が吹いてくる。そのせいか、どことなく心細くなってきた。クリフォード・ウェイオワナに会えるだろうか。一度、東京から電話で連絡をとっていただけで、直接訪ねてきてしまったのが、いまさらのように悔やまれる。でも小さな島だ、とにかく村のなかで聞いてみよう。そう思って村に向かって歩きはじめると、二人の女性に行き合った。

「クリフォードさんを知りませんか」

「……?」

「ほら、動物の写真を撮っていた、写真家の星野道夫の……」

人のよさそうな女性たちに満面の笑みが広がった。

「ああ、それならあの建物の裏の家よ」

とりあえず家は特定できた。とにかく彼の家を訪ねてみよう。その建物の裏手に回ってみると、寒風の下で待っていてくれたのであろう、やはり満面の笑みを浮かべながら手を振ってくれる女性がいる。彼女が、星野が初めてシシュマレフを訪ねたときに三歳の赤ちゃんだったティナという女性だった。

「やあ、よく来てくれたわね。私がティナよ。寒いからそんな所に立っていないで、さあさあ、中に入ってちょうだい」

ティナがあまりにかわいいので、星野が何回もシャッターを切ってしまったという、あのはにかんだ表情をした写真の少女が立っている。三歳だった彼女も、いまでは十二歳になる息子の母親だ。

「さあ、そこに座って。じきに父も帰ってくるわ」

そう言いながら、炊事の手を休めない。外は相変わらず冷たい風が吹いていたが、家のなかは暖房のおかげで快適に調節されていた。やがてドアが開くと、眼鏡の奥に優しい瞳の穏やかな表情をした一人のエスキモーが入ってきた。

「私がクリフォードです。この村でのミチオの引き受け人でした」

初めて会うクリフォードは、六月に七十二歳になるとは思えないほど若々しく、動作もはつらつとしていた。

「ミチオは一九七三年夏にこの島を訪ねてくれました。私は、ほかの用事があってノームで彼と会ったのですが、すぐに本人だとわかりました。私たちと同じ顔つきをした東洋人に、会ったときから不思議な親近感が湧いたものです」

この島に来た日本人は星野が初めてで、当時はまったく英語が話せなかったという。しかし、彼は臆することなく異文化のなかに飛び込んでいく。一人旅への憧れ、抑えがたい冒険心、そして未知への好奇の心がすべてに優先していたからだろう。持ち前

家の前に集まってくれたクリフォード家の人びと。三代にわたる大家族だ

の人なつこさに、身振り手振りを交えながらのユーモアも忘れない。手を合わせておじぎをする礼儀正しさも、家族みんなに好意をもって受け入れられた。とくにクリフォードの母親エルシーには気に入られたという。「ミチオ、ミチオ」と、なにかにつけて面倒をみてくれた。

そのエルシーもいまはいない。代わって彼女にはひ孫にあたる幼児たちが何人も出入りして遊び回っていた。笑い声や泣き声の絶えることがない、にぎやかな家族だ。クリフォードには四人の子どもがいて、その長男や次女の家族、大勢の孫たちと一緒に暮らしている。二階建ての家に三世代十一人が住む大家族だ。家では落ち着いて話ができないからと、彼は飛行場の近くにある自分のテントに案内してくれた。白い大きなテントで、仕事場として作業用に建てたものだという。薪ストーブもあり、私たち二人がシュラフを広げても十分なスペースがあった。彼の好意に甘えることにして、私たちは三日間ほどお世話になることにした。これで、あのベーリング海から吹きつける寒風から逃れることができる。

私たちがシシュマレフを訪ねたのは六月中旬のことだった。このあたりは北極圏にあるため、太陽が沈むことのない白夜が続く。ストーブに流木をくべると、パチパチと音を立てて薪がはぜた。わずかに流氷が残った海岸からは、海のうねりやカモメ、ウミネコの鳴き声が遠く近く聞こえてきた。広々としたテントにシュラフを敷いて寝床が確保できると、私たちは満ち足りた気持ちになっていた。そうだ、ここは北極圏の南の端、白夜の北極圏にいることを実感させてくれ、不思議な安堵感に包まれていた。

翌日の朝、クリフォードは四輪バギーに乗ってテントを訪れてくれた。

彼はこれまでと同様、伝統的な狩猟で生計を立ててきた。アザラシやセイウチを獲り、カリブーの猟をする。トナカイの一種であるレインディアの猟もする。海岸に組まれた櫓には、アザラシをはいだ皮や生肉が干され、肉はドライシールに、脂肪は切り取られてシーオイルに加工される。作業テントのなかも、アザラシの生肉や作りかけのシーオイルがテーブルいっぱいに並んでいた。北極海の豊かな海は、こうしてさまざまな恩恵を人々にもたらしてくれるにちがいない。彼は、翌日から数日間にわたるアザラシ猟に出る準備に余念がなかった。

しかしその海も、世界的な気候変動の影響で変化にさらされている。秋でも海が凍結しなくなったため、その波によって海岸が浸食されてしまい水没の危機に直面しているという。とはいえ、彼はあまり気にとめていないようだった。準備のかたわら、ケチャップをベースにしたカリブーの肉入りスープを作ってくれた。とてもおいしく、体の芯から温まった。

頃合いをみて、クリフォードにゆっくり話を聞くことができた。

「ミチオはシシュマレフだけでなく、ポイント・ホープ、フォート・ユーコンなど五カ所にも手紙を出していた。そのうちの一通がここだったわけだ。私にとっても、彼にとっても幸運だった」

「ミチオはいつもカレースープを作ってくれた。母親のエルシーもそのカレーが好きで、とても喜んでいた。私の息子のようだと、いつも言っていたね」

「時どき、ミチオが生きていたら、いまごろどうしているだろうって思うことがあるんだ。みんなミチオのことが好きで、家族の一員として大勢の子どもたちに囲まれてニコニコしているだろうな」

ふっと遠くを見るような目をして、クリフォードはいたずらっぽく微笑んだ。

自然が厳しければ厳しいほど、人はお互いに相手を思いやって生きていく。家族ならなおさらであろう。現代の日本の家族が遠くに追いやってしまった、世代を超えた家族のつながりがシシュマレフにはまだ残っている。クリフォードの家だけではない、

北極圏の夏は、夜でも太陽が沈むことはなかった。クリフォードのテント付近の海岸で

どこの家庭も大家族でお互いに寄り添いながら暮らしているのだろう。過酷な自然を相手に、しかも場合によっては集団で挑まなければならない狩猟だからこそ、家族の協力は欠かせないものなのだ。古くからの流儀と近代化を奇妙に混在させながら、それでもいままでの伝統を維持しようと模索しているようだった。

だがたしかにシシュマレフにも変わらざるを得ない現実がある。まず言葉の問題だ。クリフォードは流暢に英語で話をし、古老だけがエスキモー語を話す。エスキモー語を理解できる若者が少なくなったのだ。また犬ゾリに代わって、スノーモービルや四輪バギーが移動手段になった。海岸には粗大ゴミが放置され、インフラの整備もおぼつかない。狩猟以外に主だった産業がなく、仕事もないため、街へ出る若者が増え、過疎化と高齢化が一気に進んでいるという。

しかし、村のどこを歩いていても、「ハイ」と声をかけて手を振って会釈してくれる村人たちがいた。おとなも子どもも友好的で、ホスピタリティーに溢れているのが実感できる。酒の販売がないドライ・ゾーンのため、治安にも優れて安全地域だ。

四十年前、そんないまと変わらない生活をしていたクリフォード家の営みを、星野は見続けてきた。アラスカの自然とそこに生きるエスキモーの人たち――。たった三カ月の生活だったが、強烈な印象を星野に残したはずである。それは、今後もアラス

スワード半島の先端、シシュマレフの村の中心部とその先の小さな飛行場

力でやっていけるという手応え、確信にも近い自信のようなものだったのだろう。自然と伝統に寄り添いながら生きる狩猟民の矜持を、この村でしっかり学び取っていたにちがいない。星野の原点を、シシュマレフの村で見たような気がした。

翌朝にはシシュマレフを離れる日、私は夜中に起きて海岸に行ってみた。白夜を目に焼きつけておきたかったからだ。太陽はだんだん海に沈んでいくように見えるが、水平線まで落ちることはなく、またゆっくりと昇りはじめた。神秘的な赤い光を放ちながら、沈むことがない太陽。二時間ほど海岸線に立ち、写真を撮りながら、「沈まぬ太陽」を時間をかけてゆっくりと観察した。ちょっと大げさかもしれないが、地球の不思議さ、自然の偉大さを思い、逆にヒトの傲慢さ、人間の不遜さを素直に感じていた。都会のなかにいては、決してこうした謙虚な気持ちになれないこともわかっていた。星野がかつて都会の電車で北海道のヒグマに思いを馳せたことが、この場所に来てようやく理解できたような気がした。

シシュマレフを立ち去る朝、赤く燃える太陽を見ながら、地球という惑星の不思議さを思わずにはいられなかった。

シシュマレフからの帰路はやはり小型飛行機の定期便で、乗客は私たち二人だけだった。

「できれば空から島を撮りたいので、旋回してくれませんか」

パイロットに頼むと、右手の親指を上げて笑顔で応えてくれた。なんと二回旋回してくれたうえ、島を縦断してくれた。親切なブッシュ・パイロットのおかげで、上空からの島の撮影も無事にすんだ。

その後、ノームへ向かう機上からは、広大な眼下にツンドラの大地とそこを蛇行する大河が見渡すかぎり広がっているのが見えた。これまで何百年、何千年と、ヒトの手にふれられたことのないあるがままの自然。人工物の一切ない自然がここにはある。こうして機上からじっと目を凝らしていると、心の底からじわじわと感動が広がっていくのがよくわかった。見ているだけで、涙が出るほど心が震えてくるのだった。

そうだ、星野も眼下に広がるこの光景を幾度となく見て感動していたにちがいない。新宿で話をしていた「手つかず」の自然の素晴らしさが、この光景だったのだろう。飛行機は高速で飛んでいるはずなのに、私には何分も何十分も、眼下に広がるツンドラと蛇行する大河が少しも動いているようには見えなかった。

ワンダー・レイクとデナリ

「アラスカには、若いころに行くな」という格言めいた言葉がある。広大な自然への刺激があまりに強すぎて、人生観がガラッと変わってしまうことがあるからだという。もちろん逆説めいた表現で、多感な若いころにこそアラスカの自然にふれることの大切さを説いているのだが、柳木昭信もそんな若者の一人だった。

柳木は、写真家・白川義員の『アメリカ大陸』の撮影助手として初めてアラスカと出合い、その雄大な自然に心底魅せられてしまう。帰国後、二年の準備期間とアルバイトで資金を作り、アラスカの写真集を作ろうと決意して、一九七五年、二十三歳のときに単身アラスカに渡った。まず夏のアラスカ、ポーテージ氷河からデナリ国立公園へ手探りで撮影を始め、二カ月半、キャンプをしながら撮影を続けた。その後も日本で効率のいいアルバイトをさがしては撮影資金を貯めてアラスカに渡り、写真を撮り続けていた。星野とは一歳違いの同世代で、動物写真と自然写真というテーマの違いはあったが、ほぼ同時期からアラスカの写真を撮りはじめた、いわば同志のような存在だったのだろう。

「星野さんと初めて会ったのは、ぼくがたしか二十五、六歳のとき、アラスカの写真を撮り出して三回目か四回目のときですね。デナリ国立公園のイグルー・キャンプにいたとき、知人の動物写真家に紹介されて会ったのが最初です。そのときはあいさつした程度のすれ違いだったのですが、次にアラスカに来るときは必ず連絡します、と言って別れました」

いかにも真面目な青年というのが、柳木の受けた第一印象だった。

以来、柳木がアラスカに行けばフェアバンクスにある大学の寮に泊めてもらい、その後は星野の小さな小屋に泊めてもらいながら交流を続けることになった。

「星野さんとは、ルース氷河の上部にあるブッシュ・パイロットのドン・シェルダンの小屋に一緒に行ったことがあるんです。たしか三月末から四月上旬の十日間くらい、標高二四〇〇メートルほどの雪原にある小屋の前に、二人でテントを張りました」

星野と一緒に行ったルース氷河の撮影行だ。

「このころになると昼なら暖かいんです。マイナス二〇度以下には下がらない。クマの心配がないので、安心して滞在できました。しかも小屋のロケーションがまたいい。素晴らしいオーロラの傑作写真を何枚も撮れました」

星野直子作成の年譜によれば、一九八三年四月「アラスカ山脈のルース氷河源流に入る〈ムーストゥース山〉」とある。

「星野さんとはいろいろな話をしましたね。淡々とした人で、気持ちがとても温かいんです。ただ不精なところもあって、細かいことには頓着しない人でした。憎めない人でしたね」

時間は少し前後するが、結局、柳木は約七年かかって写真集を完成させ、一九八二年『ALASKA』（ぎょうせい）を上梓する。一方それより少し遅れて、星野は一九八五年、初めての写真集『グリズリー――アラスカの王者』を発表、動物写真家としての地歩を確立していくのである。

今回の星野の足跡を訪ねる旅は、はじめから柳木と行くことを考えていた。富山出身の彼とは雑誌の撮影で何度もチームを組み、一カ月にわたる海外取材にたびたび同行してもらったことがあるからだ。旧ソ連・アルタイ山脈、中国・祁連《キレン》山脈、ヨーロッパ・アルプスや南米のパタゴニアなど長期取材にカメラマンとして同行してもらっていた。

今回の旅は、北極圏のシシュマレフ島からデナリ国立公園のワンダー・レイク、そしてフェアバンクスにある星野の家を中心に訪ねる計画を組んでみた。アンカレジからはレンタカーを借り、途中、ほとんど全日程をキャンプしながら移動するというものだった。

私たちは、まずデナリ国立公園を目指すことにした。ここはアラスカの三大国立公園のひとつで、雄大な自然保護区域になっている。とくにアプローチが楽で、堂々としたマッキンリー（デナリ）の雄姿を望むことができるデナリ国立公園は人気が高かった。レンタカーを公園事務所の駐車場に停めて、公園のシャトル・バスに乗ってワンダー・レイクを目指した。

ワンダー・レイク、なんと魅惑的な名称だろう。「さまよえる湖」といえば、すぐに思い浮かぶのが中央アジアの探検家スウェン・ヘディンの名著の書名であるが、この語感がいかにも私たちの旅情をかき立てた。地図に空白部はなくなったといわれて久しいが、しかしそれでも、未知、未踏への憧れは強くある。中央アジアであれアラスカであれ、探検とか冒険への志向をもった人には、「さまよえる湖」への思いはことさら強いにちがいない。

そのワンダー・レイクは、キャンプ場から一段上がった高台に広がっていた。大きな湖で、湖畔の小さな小屋にはバードウォッチングを楽しんでいる人たちがいた。なんと気持ちのよい湖だろう。何日でも滞在していたい所だが、収容人数に制限があるため、私たちはその日から二泊三日、一角のキャンプ・グラウンドを借りてテントとタープを張ることにした。しかし、ここ数日は高曇りの天気が続き、マッキンリーの五〇〇〇メートル付近から上部は厚い雲に覆われて、その姿を現すことはなかった。

それにしても静かだ。物音ひとつしない自然のなかの別天地にいるような錯覚にとらわれる。テントに入って横になっていると、そのままふっと眠りに誘い込まれてしまった。

翌日、ワンダー・レイクへ、けもの道のようなかすかな踏み跡をたどって周遊することにした。トウヒの喬木が散在し、ウラシマツツジが足裏に優しい。大きく浮かぶ白い雲に、まるでお伽《とぎ》の国に迷い込んでしまったかのような錯覚を抱いてしまう。心配していた蚊の猛烈な襲撃もさしてひどくなく、なにより風が心地よく、乾燥した大気が肌に優しい。

一方で、動物たちの痕跡が至るところに見られるのだ。痕跡だけではない。ここへ来る途中、遠目ではあるがグリズリーのくつろいだ姿を目にしていたし、数頭のムースが湖に水を飲みにくる姿も双眼鏡のなかにあった。この近くで、そっと私たちをうかがっているだろう動物たちの息遣いすら感じてしまう。

太陽は西に傾いてはいるが、この時期、白夜のために沈むことはない。すると夕方

北アメリカ大陸最高峰、デナリ、6190メートルと、針葉樹の森が続くワンダー・レイクで

になって次第に青空が広がってきたかと思うと、空の占有率がまたたく間に広がり、抜けるような青空となったのだ。

「マッキンリーだ。柳木さん、見えだした。すごい、雄大な山容だ」

つい興奮して、口をついて出てしまう。

「湖の北面に行こう。ワンダー・レイクの湖面に映るマッキンリーは、それはそれは美しい」

午後八時過ぎだった。まさにドラマチックに雲が切れ、針葉樹の林の向こうに雄大な白い山が見えてくる。まず南の方角から始まって、次第に高度を上げながら、一気に晴れ上がってきた。標高六一九〇メートル、北アメリカ大陸の最高峰、アラスカ先住民に敬意を表して、二〇一五年、正式にデナリと呼ばれることになった白い巨峰である。

息をはずませながら、湖の対岸、北側に回り込む。静かな湖と針葉樹の森と、その向こうにそびえる美しいマッキンリー。

「……」

二人の間に会話がなくなる。シャッターを切る音だけが静寂のなかに響きわたる。

西日を受けた夕刻の針葉樹の森と、その向こうに広がる雄大な白い山、マッキンリー。

それは神々しく、そして荘厳な姿だった。至福の時間がゆっくりと流れていた。〈六一九四メートルの高さでそびえる、花崗岩と氷の巨峰。緯度を考えれば、この山のきびしさはヒマラヤの八千メートルに匹敵するだろう。内陸アラスカを旅している時、遠い雲上に浮かぶマッキンレーの姿にはいつも心を奪われた。そしてこの山の素晴らしさは、氷河の下に広がる裾野の美しさにもあるだろう。アルパインツンドラの四季の移り変わり、壮大な谷、大地を網の目のように流れる川、そしてそこに生きるさまざまな極北の動物たち……この裾野に帰って来ると、僕はいつもホッとした。アラスカには珍しい、優しい自然に包まれた世界だからだろう〉(『イニュニック』新潮社)

私たちはワンダー・レイクを後にして、アラスカ第二の都市、フェアバンクスへ向かった。星野が動物学を学んだアラスカ大学と大学の付属博物館、そして星野の旧宅を訪ねるのが目的だった。柳木も何度かその小さな小屋に泊めてもらったというが、現在では場所もわからなくなってしまったという。もちろん妻の直子の了解をとって、探してみることにした。

アラスカ大学フェアバンクス校はダウンタウンから西へ六キロほど。広大なキャンパスのなかに五十ほどの建物が点在している。キャンパス内に警察や消防署、ラジオ局まであるというのだから、いかにもアメリカ的であり、アラスカを象徴するような大きな大学である。

その一角にアラスカ大学博物館がある。アラスカの自然と文化、歴史に関する展示は多岐にわたっていて、時間がいくらあっても足りないほどだ。入り口付近の一階の壁面には、星野のグリズリーやカリブー、ホッキョクグマなどの大判の写真が展示され、「Natural Wonders」とタイトルがつけられた、『旅をする木』のなかの一節が英語で紹介されていた。入り口のいちばん目立つ場所に星野のコーナーがあり、全米から集まってくる観光客に彼のメッセージが届けられる。なんだか私まで誇らしい気持ちになってしまった。

大学を後にして、私たちはキャンパスのそばにある、星野が結婚前に住んでいたという家を探してみた。大学の学生寮を出て移ってきた小さな一軒だが、柳木も何度か泊めてもらったことがあるという懐かしい小屋だ。

〈二年間の寮生活を終わるとだいたい皆大学の周りの小さな山小屋、キャビンを借りるんです。お風呂もなければ水も出ないという小屋です。トイレはアウトハウスと言って外にあるもの。水は汲んでくる。当時のアラスカはまだそういう生活をしている

人がいっぱいいました」（『シンラ』星野道夫インタビュー）

そうした当時の古い記憶をたどりながら、このあたりだろうと見当をつけて探してみたが、なにしろ三十五年も前の小屋である。大学から近いファーマーズループ・ロード沿いにあるというその小屋を、車をゆっくり走らせながら探してみるが、とうとう尋ね当てることはできなかった。

水まわりの機能をもたない「ドライキャビン」と呼ばれた小さな小屋は、星野にとっても思い出の場所だったのだろう。柳木が当時を振り返る。

「小さな小屋でしたが、ぼくにとっては理想的な小屋でしたね。薪ストーブに、ベッドとキッチン。外敵から守られて小屋の中にいられるという圧倒的な安心感がありました。ストーブで煮炊きできるし、暖もとれる。小屋にいさえすれば、絶大な安心感がありましたから」

続いてフェアバンクスの郊外に現在も建っている星野の家を訪ねることにした。シロトウヒやシラカバなどの森の中、小高い丘の上にひっそりと建つ一軒だ。星野はこの家をベースにして、幾度もアサバスカン・インディアンの古老を訪ね、記録する旅に出ていた。家の主はいなくなったが、いまでもそのまま直子の手でしっかりと守られていた。

＊

星野道夫事務所は、ＪＲ総武線の本八幡駅から歩いて十分ほどのマンションの一室にある。ここには、ほぼ二十年の間に星野が撮影した約七万点から十万点の写真が収蔵されている。すべてがポジフィルムで撮影されたものだが、ここ何年かはデジタル処理による保存作業も続けられているという。

ずらっと並んだ写真キャビネットには、すべての作品がカテゴライズされ、タイトルがつけられて収蔵されていた。大きくは、「陸の動物」「鳥」「海の動物」、そして「風景その他」に四分類されている。さらに「陸の動物」はグリズリー、シロクマ、ブラックベア、カリブー、ムースといった具合に十六分類、「鳥」はシロフクロウ、ハクトウワシなど六分類、「海の動物」はタテゴトアザラシ、ザトウクジラなど九分類、「風景その他」はオーロラ、ポートレート、人々の暮らしなど七つに分類されている。さらに「グリズリー春」「グリズリー秋、紅葉ツンドラ」といった具合に細分化され、整理されているのだ。

星野の写真の特徴がどこにあるのか知りたくて、直子に頼んで、一度グリズリーの

美しく巨大なデナリとワンダー・レイクにたたずむムースのつがい（写真提供＝星野写真事務所）

写真すべてに目を通させてもらったことがある。マウントされて整理されているので、撮影順序はわからないが、画角を決めるとそのまま動かさない写真が多かった。重視しているのは、背景と動物の動き、そして表情だ。あくまでも主役は背景と動物、撮影者はなるべく介在しないようにしているのだろう。さらに背景をうまく演出するために、光線と画角をじつに巧みに使いながら撮影している。とくに逆光と半逆光の写真が多かったが、そこから見えてくる星野の写真は、光と空間をうまく使いながら、詩情と物語性を鮮やかに再現しているということではないだろうか。

「何回か撮影に同行したことがあるんですが、星野はフィールドにいる時間をすごく大切にしていました。そして周囲をよく観察していましたね。フィールドに入ったからといって、すぐ撮影できるわけではなく、撮ろうと思える瞬間に出合うまで待っていました。そうしたフィールドで過ごしている時間をとても大切にしていましたね」

直子は、星野の撮影をそう振り返る。

星野は、デジタルカメラをいっさい使用しなかったという。彼が亡くなった一九九六年は、ちょうどデジタルカメラが普及しはじめたころで、九八年にかけて写真界が一気にデジタル写真へと移行していった時期と重なる。九六年から九八年にかけて、印刷の世界でも分解スキャナーを大手メーカーが造らなくなり、それを契機にして急速にデジタル化が進んだという。

すべてが手軽に、そして高性能に均一化される現代、何にでも結論を急がされる時代を、星野はどんな思いで見つめているのだろう。直子は、星野がデジタルカメラで写真を撮っている姿をイメージできないという。


星野が亡くなって二十年に当たる二〇一六年、星野道夫をテーマに取り上げた出版物が何点も出てきた。とくに雑誌では、『Coyote』を皮切りに『BRUTUS』、『別冊太陽　星野道夫』が続けて出版されている。二十年たってもこうした出版物が刊行されるのは、星野の世代を超えた人気が継続していることの表れだろうか。時に旅をからめた創世神話であったり、その半生を写真や文章でなぞるものであったりしたが、共通しているのは編集者も読者にも感じられる温かい眼差しであろう。さらにこの年、星野の支援者でもあった作家・エッセイストの湯川豊が、『星野道夫　風の行方を追って』を新潮社から出版している。彼は、星野の写真の神髄をその「物語性」にあると指摘して、親子の愛情や自然の厳しさ、命を賭けた格闘までを表現した写真の数々がそれを物語っていると説く。

さらに出版物だけではなく、写真展も開催された。八月下旬から九月はじめまで、朝日新聞社主催の写真展「没後二十年特別展　星野道夫の旅」が、東京・銀座松屋八階のイベントスクエアで開催された。代表作二五〇点を一挙に展示、その迫力はまさに時代を超えて私たちに星野道夫の「大切な何か」を訴えかけてくる。

亡くなって二十年経ちながら、なぜ、星野の写真と文章は世代を超えて支持されるのだろうか。

「星野の写真は、野生動物、風景や人の暮らし、つまりアラスカ全体を撮ったものですが、つまるところ自然との関わり、命の不思議さをテーマにしたものでした」

その点に星野の重要なメッセージがあると、妻の直子は語ってくれた。アラスカには自然なかたちで生と死が存在する。自分たちがどう、なにを拠りどころに生きてきたのか、明日への不安をどう抑え希望をつなごうとしたのか——。その答えが星野の写真と文章に隠されているという。さらにこうも付け加えてくれた。

「亡くなる直前、星野の目はアラスカを出て、シベリアにも向いていました。それは、ワタリガラスの神話、『人はどこから来て、どこへ行こうとしているのか』というテーマとも符合しています。もちろんアラスカの旅も続けていましたが、ベーリング海を渡ってシベリアへ、そしてここからは私の想像ですが、日本（アイヌの人たち）もイメージしていたのではないでしょうか」

人類が今後どういう方向に向かうのか、それが星野の大きなテーマだったと直子は言う。

星野は「想像する力」がひときわ優れていたと思う。東京の大都会で、北海道のヒグマに思いを馳せる「想像する力」。しかし、最近のデジタルによる可視化は、そのまったく逆の方向を志向しているような気がして仕方がない。だからなお、星野の写真と文章が語りかけるもの、問いかけるものの神髄を、しっかりと確認する必要があると思う。

星野が伝えたかったメッセージは、彼の死後、何年経っても色褪せることなく輝いているような気がする。

星野道夫年譜

1952年	0歳	9月27日、千葉県市川市に生まれる。
1969年	17歳	7月3日、移民船アルゼンチナ丸でロサンゼルスへ。約2カ月間、アメリカを一人旅する。
1971年	19歳	4月、慶應義塾大学経済学部入学、探検部に入部。
1973年	21歳	アラスカ・シシュマレフ村でエスキモーの家族とひと夏を過ごす。
1976年	24歳	3月、慶應義塾大学経済学部卒業。写真家の田中光常の助手を2年間、務める。
1978年	26歳	1月23日、日本を出発。6月から7月にかけて、デナリ国立公園でドールシープなどの撮影。9月6日、アラスカ大学野生動物管理学部入学、4年間学ぶ。
1979年	27歳	6月8日から7月13日、カヤックでグレイシャーベイを旅し、氷河やアザラシなどを撮影。
1981年	29歳	『アニマ』3月号に「極地のカリブー一〇〇〇キロの旅」を発表。
1982年	30歳	2月16日から1カ月間、厳冬期のアラスカ山脈でオーロラを撮影。4月から5月、ポイント・ホープでクジラ漁キャンプに参加、撮影。
1983年	31歳	『アサヒグラフ』1月28日号のアラスカ特集に「極北の自然と動物たち」などを発表。
1985年	33歳	11月、トヨタ財団より助成を受ける。初めての写真集『グリズリー』(平凡社)刊行。
1986年	34歳	6月、『グリズリー』で第3回アニマ賞受賞。7月、初めてのエッセイ集『アラスカ　光と風』(六興出版)刊行。
1987年	35歳	トヨタ財団より2度目の助成を受ける。
1989年	37歳	『週刊朝日』で「Alaska　風のような物語」を1年間連載。
1990年	38歳	4月、「Alaska　風のような物語」(『週刊朝日』連載)で、第15回木村伊兵衛写真賞受賞。
1992年	40歳	3月、日本の子どもたちをルース氷河へ連れていくキャンプ「オーロラクラブ」をはじめ、毎年行なう。
1993年	41歳	5月、萩谷直子と結婚。8月12日から19日、キスカ島で元日本兵と元アメリカ兵の合同慰霊祭を取材。
1994年	42歳	6月17日から7月7日、エクアドルの写真集作成プロジェクトに参加、ガラパゴス諸島取材。
1995年	43歳	10月、アンカレジで「リペイトエイション(魂の帰還)」の会議に出席。
1996年	43歳	8月8日、取材先のカムチャツカ半島クリル湖畔で、ヒグマの事故により逝去。

山田昇

十四座の壁

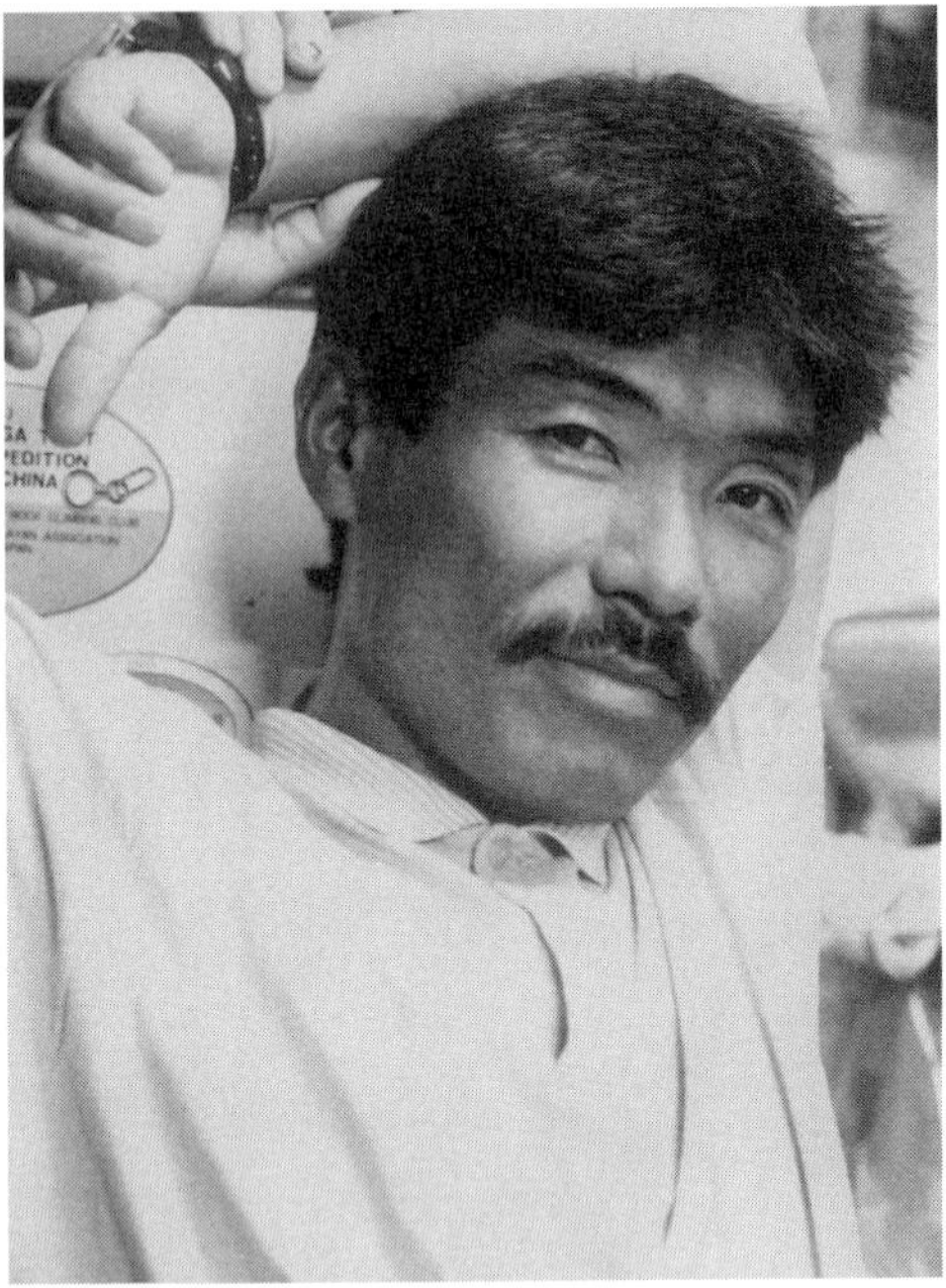

山田 昇（やまだ・のぼる 1950 年～ 87 年）

群馬県沼田市生まれ。登山家。高校時代から山登りを始め、78 年ダウラギリⅠ峰に初めてのヒマラヤで登頂。そののち、毎年ヒマラヤ登山を続け、8000 メートル峰 9 座に 12 回登頂。83 年と 88 年には、2 度のハットトリック達成。エベレストも冬、秋、春の 3 度登頂。厳冬のデナリに挑み、遭難。

ヒマラヤへの熱い思い

群馬県の沼田は、美しい四季の自然に恵まれた風光明媚な土地である。三方を片品川、利根川、薄根川《うすね》に囲まれた河岸段丘に開けた町で、標高は五〇〇メートルほど。夏でも涼しく、過ごしやすい気候に恵まれている。北に谷川岳と上州武尊山《ほたか》、東に尾瀬と皇海山《すかい》、南に赤城山、そして西に子持山など多くの山々に囲まれて、じつに恵まれた自然環境にあるといえるだろう。周囲を見回せば、朝に夕に、こうした日本百名山をいくつも望むことができる。

さらに沼田の魅力は、なんといっても周囲を山に囲まれていながら、ぽっかりとあいた大きな空にある。空が大きいということは、どんなにか気持ちを開放的にさせ、おおらかにさせることだろう。

なかでも四月から五月にかけて、沼田周辺は素晴らしい季節を迎える。老神《おいがみ》湿地公園のミズバショウにはじまり、沼田公園のサクラ、発知《ほっち》のヒガンザクラ、上発知のシダレザクラ、老神渓谷や発知川の新緑とつづき、五月上旬、リンゴの花の開花を迎える。

ゴールデンウィークも過ぎた五月上旬、リンゴはいっせいに淡いピンク色の花びらを咲かせる。その淡い色の花びらが大きな青い空に映えて、それは美しい風情を醸し出す。ここ沼田周辺にはリンゴ農家が多く、市内各地にその甘い香りを運んでくるようだ。

リンゴはサクラと同様、ひとつのつぼみから五つの花が咲く。それをひとつ残して、みんな摘んでしまう。栄養分を分散させないためだ。花が咲くと、たちまち実をつけるのだが、すぐに摘果の作業が待っている。その実が育って、やがて八月下旬の収穫の時期を迎える。台風のシーズンをなんとかやりすごしながら、十一月にかけて実を摘んでいく。そして収穫の時期を終えると、枝の剪定《せんてい》がはじまるという。こうしてリンゴ栽培は、一年を通して休まる時期がなく多忙のうちに過ぎていく。

長い日照時間と昼夜の寒暖差が、おいしい沼田のリンゴを育てるといい、「ふじ」や「あかぎ」「陽光」「名月」など十数種のリンゴが代表的なものだという。

関越自動車道沼田インターチェンジから国道一二〇号線を経て、沼田から日光・尾瀬方面に抜ける途中、やや開けた街道沿いに、山田豊が経営していた山田りんご園がある。現在は息子の拓に経営を譲っているが、一・五ヘクタールという広さのりんご園はこのあたりでも規模の大きな部類に入るという。

一九五〇年二月、山田昇は、その沼田市のリンゴ農家の家に生まれた。家を継いだ長男・豊の勧めで高校から山岳部に入り、親友とともに山登りに精を出すが、どちらかといえば、おっとりした性格だった。沼田平野にリンゴ畑の広がるその風情が、性格に影響していたのかもしれない。

その山田に変化が現れるのは、群馬県の登山家たちを中心にしたヒマラヤへの熱い思いに接してからのことである。地元である谷川岳の開拓から始まったその萌芽は、第二次RCCの小暮勝義が地歩を築き、八木原圀明《くにあき》らによって開花させてきた。

小暮は地元の境町山の会の会員で、先鋭的な登山家集団、第二次RCCの同人でもあった。谷川岳一ノ倉沢や幽ノ沢の岩場に通いつめ、やがて山岳雑誌に記録の投稿をはじめるようになり、「群馬の小暮」の名が人々の記憶のなかに残るようになる。小暮の自宅には山仲間が集まってくるようになり、山の話に熱中すると深夜に及ぶこともたびたびであった。そこで話されるのは、決まって谷川岳の岩場からヨーロッパ・アルプス、そしてヒマラヤの高峰にまで及び、山の話が途切れることがなかったという。

「小暮さんは境町山の会の会員でしたが、一時期、東京の日本モダン・クライマーズ・クラブにも所属していたことがあるんです。そこで日本山岳会のエベレスト計画を知り、一線のクライマーたちとの交流も始まりました。おかげで視野が一気に広がったような気がします」

そう当時を懐かしむ八木原も、ちょっと遅れてヒマラヤ登山に参加した登山家だった。小暮は群馬独自のヒマラヤ登山をやろうと、有志を募って群馬ヒマラヤ研究会を立ち上げていた。

一方、八木原は、高校山岳部の顧問をしていた先生の薫陶を受けて山岳部に入り、やがてOB会を母体にした群馬ミヤマ山岳会に入会する。精力的に谷川岳に通い、一九六九年秋には、やや遅れて入った宮崎勉らとともに谷川岳衝立岩に直登ルート「ミヤマルート」を開拓する。当時は会のチーフリーダーとして強力に会を牽引していったのである。

小暮は群馬ヒマラヤ研究会を発展的に解散し、群馬県海外登山研究会と改称して活動を拡大させていく。八木原は小暮からヒマラヤ登山への真摯な考え方と緻密なタクティクス、そして群馬県内にとらわれない広い交流のノウハウを学ぶことになる。

まず狙いをダウラギリ4峰に定め、一九七一年春の偵察、七二年春の本隊と、群馬のヒマラヤ登山の第一歩を踏み出した。しかし、勇躍にして挑んだダウラギリ4峰は、六二七八メートルのミャグディ・マータを越えた内院側六二〇〇メートルのC4で高山病のため一人の隊員を失い、あえなく失敗に終わる。

しかし、一度経験したヒマラヤの熱はそう簡単に冷めることはなかった。一九七八年、群馬県山岳連盟隊としては二度目の海外登山であるダウラギリ1峰に、小暮は副隊長として、八木原は登攀リーダーの一人として参加する。メンバーには山田もいた。しかし、南東稜から挑んだこの登山隊も、C５へのルート工作中、雪崩で三人の隊員を失ってしまう。しかもあろうことか小暮までがC４の少し上で、固定ロープに吊り下がったまま遺体で発見される。しかし、こうした悲劇に見舞われながらも、八木原は登攀リーダーとして南東稜から登頂を成功させ、山田は初めてのヒマラヤでサミッターとなる。運もあったのだろうが、持ち前の高所での強さが実証される結果となったのである。

当時の八木原は、ヒマラヤ登山がどう展開していくか、いつも五年先、十年先を考えていた。ヒマラヤ関係の本をよく読んで研究もしていた。その点、山学同志会の小西政継と相通じるところがあるが、指導の方法論では異なっていた。小西は自己の力を常に向上させることによって指導力を発揮してきたが、一方の八木原は若手の力を伸ばすことで、組織をまとめようとした。小西は少数精鋭主義をとり、八木原は若手育成主義を標榜していた。

八木原はよく「おれは一流の登山家ではないし、なれるはずもない」と言う。「せいぜい三流か四流だろう」と値踏みする。自分の登山能力や技術をはなから信用していない。

「謙遜でも卑下しているわけでも決してありません。自分より登攀能力の高いやつはいっぱいいいると思っていました」

だからこそ、力のありそうな若い人をどんどん起用し、伸ばしていこうとしたのである。

さらに八木原の特異な点のひとつが「群馬モンロー主義」といわれる、広く門戸を開放した考え方であった。これはアメリカの第五代大統領ジェームズ・モンローからとった造語だが、群馬の組織にこだわって群馬にその行動の基盤をおきながら、群馬の殻に閉じこもらず、広く門戸を開放して外の登山家たちと付き合い、その考え方や技術を学ぼうというものだ。実際、カモシカ同人や日本ヒマラヤ協会（ＨＡＪ）とのパイプを太く持ち、彼らの登山隊にも積極的に参加していった。それも八木原一人が参加するのではなく、必ず若い力のある群馬の仲間と参加する。八二年のダウラギリ1峰のカモシカ同人隊では十人中八人。八木原が隊長を務めて八五年秋にエベレストに挑んだ『植村直己物語』撮影隊にいたっては、十一人中八人までが群馬の岳人で占

1978年10月、ダウラギリ1峰南東稜で。山田は初めての8000m峰挑戦でサミッターとなる

められていた。通常はバランスを考えて、そこまであからさまに隊員を選考しないものだが、八木原には確固とした群馬へのこだわりがあり、周囲を意に介さない強さがあった。斎藤安平《やすひら》、名塚秀二、三枝照雄などの若手が育ち、その切り込み隊長としての山田昇が彼らを支えてきたのである。

山田は、八木原や宮崎の群馬県山岳連盟を母体として、ダンプさんこと高橋和之のカモシカ同人や日本ヒマラヤ協会の山森欣一らが率いる登山隊に積極的に参加して、めきめきと実力をつけていった。一九七八年、初めてのヒマラヤ登頂となったダウラギリ1峰についてはすでに述べたが、一九八〇年春のカンチェンジュンガ偵察から八九年マッキンリーで遭難するまでの十年間は、それこそ破竹の勢いでヒマラヤを駆け抜けていったといえよう。

山田の海外登山歴をひとつひとつ羅列するだけで、その尋常ではない凄まじさがわかってくると思うので、この十年間をざっと概観してみよう。

まず一九八一年五月のカンチェンジュンガ主峰登頂、十月のランタン・リ初登頂、そして八二年十月のダウラギリ1峰北壁ペア・ルート初登攀が皮切りとなる。

そして一九八三年十月のローツェ登頂から十二月の冬のエベレストへと連続で登頂するのだが、当時、クライマーの目はエベレストにばかり注がれていて、ローツェは

1983年12月、ローツェに登頂した後に、冬のエベレストに登頂した。冬季第3登だった

あまり注目されていなかった。難易度の高い南壁からの登攀は別として、C3までは
エベレストと同一ルートで登るローツェを主目標にするという意識があまりなかった
ように思う。しかし、カモシカ同人の高橋隊長や副隊長で参加していた宮崎は異なっ
ていた。主眼はあくまでも冬のエベレストだが、まず秋のローツェに登って高度に順
応したうえでの連続登頂を目指していたのである。その実行部隊として登攀隊長の山
田がいた。しかも高橋のカモシカ同人隊とは別に、高橋の妻である今井通子は自ら独
自の登山隊を組織し、あわよくば夫婦そろってエベレスト登頂を狙ってチベット側か
らチョモランマへ挑む計画があった。一九八三年という年は、そんな年でもあった。

その十月九日、山田は一次隊として尾崎隆、村上和也とともにローツェに登頂し、
続いて二次隊、三次隊も合わせて合計八人もの隊員が登頂に成功した。エベレストの
前哨戦と位置づけられたローツェが終わり、いよいよ本番の冬のエベレストに向かっ
た隊は、十二月十六日、山田、尾崎、村上、ナワン・ヨンデンの四人が、強風と凄ま
じい寒気のなかを登頂に成功するのである。この冬のエベレスト登頂によって、それ
までは「群馬の」と付いていた冠もはずされ、「日本の山田昇」として、広くその実
績が認められることになったのである。

山田は、一九八四年四月に八木原夫妻の媒酌のもとに結婚する。しかし、席の温ま

るヒマもなく、ヨーロッパ・アルプス、インドのマモストン・カンリ、冬のアンナプルナと海外登山が続く。アンナプルナは、群馬県山岳連盟が長年温めてきた夢である、冬の八〇〇〇メートル峰をバリエーション・ルートの南壁から登ろうとする画期的なものであったが、悪天候に阻まれて敗退。

さらに一九八五年は、山田にとっては忘れられない年になる。日本ヒマラヤ協会隊で夏のK2、『植村直己物語』撮影隊で秋のエベレスト、斎藤安平とペアで冬のマナスルと、それぞれ無酸素で登り、いわゆるハットトリックを達成する。ハットトリックとは、サッカーやクリケットなどに使われる用語で、一試合にひとりで三点以上の得点を上げることをいうのだが、その達成が非常に困難なことから、一年間に三座以上の八〇〇〇メートル峰に登ることにも使われるようになっていた。当時、イタリアのラインホルト・メスナーとポーランドのイエジ・ククチカしかその達成者がいないことからも、いかに大変なことかがわかるであろう。それもすべて無酸素にこだわったうえでの登頂だった。

K2では、隊長の飛田和夫を思いやる心遣いをみせた。たとえノーマル・ルートと言われようとも飛田は、「計画立案、ルート工作、荷揚げ、登頂」まですべてを企て、さらにHAJに八〇〇〇メートル峰の経験者を育てたいと挑んだ隊だった。悪天に阻まれて飛田の登頂は果たせなかったが、山田はそれを意気に感じて副隊長として参加し、自らは無酸素で登頂している。

そして『植村直己物語』のエベレスト撮影隊。隊長・八木原、副隊長・宮崎、登攀隊長・山田というアンナプルナ南壁以来の主要メンバーの構成で、十一人の隊員中八人までが群馬の岳人で占められていたことはすでに述べた。ここでも山田は無酸素で、隊長の八木原も含めて七人が登頂することになる。しかし、下山途中でひとつのアクシデントに見舞われるのだが、その話は後に譲ろう。

さらに斎藤と二人だけで挑んだ冬のマナスル。無酸素、固定ロープなしの完全なアルパイン・スタイル、そして冬の八〇〇〇メートル峰と、当時の最先端の目標を掲げて挑んだマナスルも登頂してしまう。こうしてこの年、山田はハットトリックを達成し、名実ともに第一線のヒマラヤニストとして、もっとも充実した一年を送ったのである。

そのころの山田とは、私も何度も日本ヒマラヤ協会の事務所や登山隊の壮行会などで顔を合わせていた。当時はどこの登山隊でも壮行会や報告会が盛んに開かれており、私もできるだけ参加するようにしていた。隊員の顔と名前が一致して人脈が一気に広がったことを覚えている。とくに日本ヒマラヤ協会は毎年のように登山隊を組織し、中国やネパール、インドに隊員を派遣していた。ひとつの社会人山岳会ではマンパワーのうえでも資金的にも海外へ登山隊を出すことは難しく、ヒマラヤ協会は横断的に隊員を募っては登山隊を組織していた。山田も日本にいるときは、そうした壮行会によく顔を出していた。いつでも笑顔を絶やさない明るい性格で、冗談を言いながら、よく飲んでいた。二次会があればそこにも顔を出し、だれとでも明るくつきあい、なによりも仲間を大切にしていた。

そうした登山仲間の一人に斎藤がいた。彼との出会いは、また山田の新しい地平を拓くものとなったが、のちに山田をして「アンペイがいれば女房はいらない」と言わしめるほどの大きな存在となる。前述した八五年冬のマナスルと翌八六年冬のマカルーの二シーズン続けて、山田は斎藤とたった二人だけで冬の八〇〇〇メートル峰に挑むことになる。

そのどちらの隊のときだったか、山田と斎藤の二人のために東京で内輪の壮行会が開かれた場面が不思議と記憶に残っている。山田とは冗談を言いながら軽口をたたき合ったが、斎藤とはどんな話をしたかあまり覚えがない。だが初対面では無口だが、一度知り合うとだれからも好かれるような気さくな人柄だった。

「山田さんとなら二人以上の力が出せるような気がします。なにしろ安心してヒマラヤへ向かうことができますから」

そんな話を斎藤と交わした覚えがある。会場は畳敷きの部屋で、車座になって酒を飲むような小ぢんまりとしたいい壮行会だった。

マナスルにしろマカルーにしろ、無酸素、固定ロープなしの完全なアルパイン・スタイルだった。合計六回におよぶ斎藤とのヒマラヤ登山――。もっとも気心の知れたパートナーとして、山田も斎藤の力量を高く評価していた。その斎藤を、一九八七年冬のアンナプルナ南壁で失ってしまったのである。

冬のアンナプルナ南壁

芝公園の増上寺から日比谷通りを新橋寄りに五分ほど、芝神明通りの古い商店街の一角にかつての山と溪谷社の社屋があった。現在はマンションが建てられて昔の面影はないが、私にとっては、三十年間、苦楽をともにしてきた思い出がいっぱい詰まった社屋である。その社屋の二階、北側の奥に会議室があった。殺風景な一室は、古くて大きなコンピュータとエアコンの音がうるさくて、とても会議室といった雰囲気ではなかったが、そんな部屋でも各部署の打ち合わせが頻繁に行なわれていた。

一九八八年二月四日の午後、その会議室で山田昇と三枝照雄の二人はインタビューに応じてくれた。登山隊の計画書や資料、テープレコーダーなどが雑然と並んだ机を挟んで、私たちは向き合っていた。これまで日本ヒマラヤ協会の事務所や登山隊の壮行会などで彼らとは何度となく顔を合わせていたので、堅苦しいあいさつの必要もなく、アンナプルナ南壁の事故の話から入っていった。

——いやー、大変だったですね。

「もちろん小林もそうですが、アンペイの遭難はこたえましたね。なにしろ登頂日に続けて二件滑落事故が起きたのですから」

山田は、すぐ事故の核心部分から話しはじめた。

群馬県山岳連盟の八木原圀明が率いる冬期アンナプルナ1峰登山隊は、標高差三五〇〇メートルという圧倒的な高さでそそり立つ南壁から、気象条件の厳しい冬の初登頂に挑むという画期的な計画を立てていた。「八〇〇〇メートル峰」「バリエーション・ルート」「冬」という目標を掲げて登頂への意欲を燃やしていたのである。三年前の冬にも同じルートから挑んだものの、大量の降雪と悪天候に阻まれて敗退、満を持しての今回の挑戦だった。こうした計画の中心メンバーが、八木原であり、参謀格の宮崎であり、切り込み隊長の山田だった。

一九八七年十二月二十日、登頂アタックの早朝は無風快晴、満天の星空が広がっていた。気温はマイナス四〇度と低かったが、風がないのがなによりもうれしかった。

しかし事故は、十四時四十分、山田、三枝、斎藤、それに小林俊之の四人が冬季初の登頂に成功した直後に起こった。登頂の喜びを精いっぱい表していた小林が、頂上稜線の急な雪壁を下り切った地点で滑落、ついで斎藤もキャンプ4に帰り着く直前に、忽然と姿を消してしまったのである。

長い年月をかけて積み上げてきた登頂への執念がやっと結実したものの、その直後に親しい山仲間を失うという悲惨な結末だった。その無念の思いを中心に話を聞くことにしたのだが、当然、話は登頂の数時間に集中していた。すでに一カ月以上の時間が経過していたとはいえ、あのときの悲しみはそう簡単には拭えなかったと思う。

「小林はほんとうにうれしそうでした。頂上からの交信を聞いていると、ありがとうございます、皆さんのおかげです、気をつけて下ります、の三つの言葉しか発していないのですから」

——のちに事故の模様がテレビニュースで放映されたのを見ていました。小林さんのうれしそうな声がとても印象的でしたね。

「滑落自体は、一瞬のできごとだったんです。『アッ』という声がしたので、後ろを振り返ると、小林が頭からもんどり打って転がりはじめたところでした。ピッケルを持ち替えて滑落停止の体勢をとろうとしたんですが、どんどん加速がつき出して、視界から消えてしまいました」

十六時四十五分、山田は八木原に交信を入れ、滑落した位置とその様子を報告した。その報告を終えて吐き捨てるようにつぶやいている。

「悔しいねぇ、ほんと悔しいよ、八木原さん」

「こんな悔しいことがあっていいのかよー、ちくしょう」

――アンペイさんの事故は、なにが原因だったのですか。

「これ以上、事故は起こせないと思いました。なおさら慎重に下りて、C4まではなんとか行き着いたんですが、それまで気を張っていたのが一気に抜けてしまいました。それにしてもアンペイが遅いなあと……」

すでに先行していた三枝は、雪を溶かしてお湯を沸かしているところだった。三枝が話を引き取った。

「アンペイさんがなかなか来ないので、テントの中から声をかけると、『テントはどっちの方なんだ』と聞いてきました。『ロープの方ですよ』って言ったんです」

三枝がロープをたぐってみると、ビレイをとっているのか、手応えがある。
「アンペイさんが『連れてってくれよ』って言うんですよ。そして続けて『水を飲みたい』って、つぶやくのが聞こえました」

しかし、次の瞬間、「あれっ」という声がしたかと思うと、岩場にアイゼンがこすれて火花がとび、真っ暗闇のなかにその火花だけがあやしく光ったという。

「すぐロープを引いてみたんですが、まったく手応えはありませんでした」

登頂した喜びの日に、小林に続いて斎藤までが滑落してしまった。ぽっかりあいた喪失感はいかばかりのものだったろう。

「あれはほんとうにつらい晩でした。それまで四人でいたテントに二人しかいないんですから。ひざを抱えながら、じっとロウソクの炎を見ていました」

――やりきれないですね。

「四人用のテントですから、アタックの朝は狭くて大変でした。それがその晩は二人きり。すごくテントが大きく感じましたから。登頂後に食べようと大事にとっておいたラーメンに手が出なかったほどです」

その場の山田の沈黙が、悲しみの深さを物語っているようだった。

「その晩は、ほとんど会話もありませんでした。なにか考えようとしても何も浮かばないんです」

小林は群馬大学の学生で、母体となったミヤマ山岳会でも群馬県山岳連盟のなかでも将来を嘱望される存在だった。最年少隊員として、ルート工作に荷上げにと働き、だれもが認める一次登頂隊員だったという。山田や三枝にしてみれば、若手のホープとして将来の群馬を背負ってくれるにちがいない隊員だった。

一方の斎藤は、日本の山岳界のなかでも、当時、もっとも経験の豊富なヒマラヤニストの一人である。八二年秋、カモシカ同人隊のダウラギリ1峰に登頂したのち、急速にヒマラヤで頭角を現し、山田とペアを組んで八五年冬マナスルに無酸素登頂、八六年夏トランゴ・タワー、そして八六年冬マカルーと、続けてヒマラヤで成果を上げている。その斎藤を失ってしまったのである。山田のみならず日本の山岳界にとっても喪失感はことのほか大きかった。

結局、インタビューは二時間におよび、終わったときは短い冬の夕暮れが間近に迫っていた。

さらにほかの隊員たちにも詳しい話を聞きたいと思い、八木原に連絡をとって二月九日の午後、前橋にある彼の家に集まってもらった。八木原はもちろん、副隊長の宮崎、名塚秀二、佐藤光由ら中堅の隊員と、小林と同じような若い隊員たちも何人か顔をそろえて話に加わってくれた。

こうした群馬県山岳連盟の山男たちへのインタビューは、『山と溪谷』一九八八年四月号に「鎮魂のアンナプルナ」と題して、四〇〇字詰め原稿用紙四十枚ほどの長い記事となった。

私は以前から、高所登山に関してはその記録を依頼するだけではなく、実際に取材して高所登山のありようを原稿に表現してみたいと思っていた。酸素濃度が希薄な高所登山、とりわけ生死が紙一重のところで錯綜する八〇〇〇メートル峰には、日常生活では考えつかないような特異な世界が広がっていると思っていた。生死の境を分けるものがどこにあるのかが知りたくて、その実態、素晴らしさも悲惨さも併せもった非情な世界を描ければと思っていた。登山活動を記録しただけの報告ではなく、非日常の高所登山の物語として山のノンフィクションに期するものがあったからである。

のちに自分が取材をした記事を何本か書いてきたが、この群馬県山岳連盟隊の「鎮魂のアンナプルナ」が最初の長編の記事となった。事故の現場までは行けないが、直接、当事者に会って話を聞けるという取材者の特性を生かして記事作りに励んできた。結果としてヒマラヤ関連の人脈が広がったことも、私にとっては大きな財産となった。

「鎮魂のアンナプルナ」の最後の部分は、前橋市の群馬建設会館で開かれた小林俊之、斎藤安平の追悼会での、俳優の西田敏行の弔辞で締めくくることにした。斎藤も小林も映画『植村直己物語』の撮影隊員として、西田と何カ月も行動を供にしていた。〈「どんな報道を読んでも、どんなニュースを聞いても、信じられませんでした。しかし、今日ここに来て、事実を厳粛に受けとめなければならないという気持ちで、ここにやってまいりました。小林くんがアンナプルナの頂上で報告した〝やりました、ありがとうございました〟この言葉を、安平ちゃんと小林くんにそのままお返しします。ありがとうございました〉(『山と溪谷』一九八八年四月号)

日本人初の十四座登頂へ

一九八八年も山田にとってはめまぐるしく動いた年だった。

アンナプルナ南壁から帰って四カ月後の春、日本山岳会と日本テレビが中心となって日本・中国・ネパール三国合同友好登山隊が企画されていたが、その隊員の一人として山田は参加を要請されることになった。八木原や山森に強く推されてのことだった。八五年にハットトリックを成功させたとはいえ、まだ登山界での知名度は高いとはいえなかったが、テレビでエベレストの頂上から生中継されるとなると、山田の名前は世間に広く知られるようになるだろう。そう思って二人は山田の参加を強く勧めたという。

「五月五日の子どもの日」に南北両側からエベレスト（チョモランマ）を交差縦走するという命題に応えるには、隊員の高度に対する強さと経験、そして荷上げのスピードが何よりも重視された。温厚でだれからも好かれる人柄と、途中から隊員になったことに対するある種の引け目が、逆に若い隊員には好意的に受け取られ、「山田効果」として周囲にいい影響を与え好循環となったという。

結局、山田は第一次北側縦走隊員に選ばれ、三度目のエベレスト登頂に成功した。その模様は、五月五日の子どもの日にテレビで生中継され、全国のお茶の間に放映された。私も実際に家でテレビを見ていたのだが、最後まで違和感をぬぐえなかった気がする。それはエベレストの頂上というあの極限の状況と、居間でそれを見せられるという空間に極端な乖離《かいり》があり、リアル感のないワイドショーを見ているような感覚があったからである。スタジオでのやりとりが興奮すればするほどしらけてしまい、現実感の乏しいものとなってしまった。そうした違和感をぬぐえないまま、このときも雑誌の記事を企画して、私は取材をはじめることにした。

まず日本山岳会の重廣恒夫、磯野剛太ら南北両隊の隊長や隊員の何人かに会い、話を聞かせてもらうことにした。北側の日本隊成功の原因はなにか、南側の日本隊だけなぜ交差縦走できなかったのか、そして二次アタック隊員の発表があったのに、どうして一次隊だけで終わり、二次隊は出なかったのか。いくつかの疑問点をもとに、取材を進めることにした。当然、山田にも北側の中心メンバーの一人として、会って話を聞くことになった。

六月二十日の午前、場所は冬のアンナプルナ南壁取材のときと同じ山と溪谷社の会議室だった。ちょうど十日前にマッキンリーを登頂したばかりで、その帰国を待ってのインタビューとなった。山田には、五月五日の登頂と交差縦走した後の南側の様子を中心に話を聞いた。

――今回の北側登山隊の成功の原因はなんだと思いますか。

「ネパールと中国（チベット）、そして日本人の間で意思の疎通がうまくいったこと、それに尽きるのではないですか」

――過去二回の登頂の経験、なかでも冬に登頂していた経験が大きかったんでしょうか。

「もちろん、それはありました。でも、日本の若いＪＡＣ（日本山岳会）の隊員も含めて、みんないいやつばかりだったので、変な緊張感がまったくありませんでした。

それが登頂できた最大の要因だと思います」

このときも山田には、八〇〇〇メートル峰の、それも世界で初めての交差縦走を成功させなくてはいけないという気負いはまったくなく、むしろ山を楽しみ、仲間を気遣う余裕すらあった。

一方、南側の日本隊は、全体に余裕がなく、いつも日程に追われて後手に回ることが多かった。それは最終キャンプの位置の問題や、酸素ボンベの荷上げの数に端的に表れていた。通常、サウス・コルが最終キャンプになるが、縦走隊はもうひとつ上部にキャンプを出していた。それが通常の最終キャンプより少し上、八三〇〇メートル付近だったのだが、BCでは八五〇〇メートルと考えていた。さらに予定された酸素ボンベの数も足りず、サポート隊の態勢も不十分だったため、最終アタックの遅れを最後までカバーすることができなかった。

〈南隊は、ふたつの点で配慮が足りなかったと思われる。テントというのは、実際に吹いている風以上に、風を強く錯覚させる。バタバタと鳴るその音と、フレームを押しまげる圧力。それだけで、実際以上に風を強く感じてしまう。（略）もう一点は、単独だと、出発が遅れがちになるという点である。一般的に、アタッカーが多ければ多いほど、お互いを牽制することによって、アタックは早くなる。逆に一人だと、ず

1988年5月、日中ネ三国合同隊でチョモランマに登頂。ネパール側へ下山して交差縦走も完成させた（写真提供＝日本山岳会）

るずる引きずり、出発は遅くなる。その点を南隊は理解していなかった〉（『山と溪谷』一九八八年八月号）

五月三日から五日の登頂アタックまでを北側隊、南側隊で同時進行させながら、「余裕のある北側」と「遅れをとっていた南側」というテーマのもとに、「ドキュメント・チョモランマ、五月五日」という八ページの記事を作り、雑誌に掲載した。

いずれにしても北側の山田昇は、このときも尋常ではない力を見せつけたのである。インタビュー後山田はすぐに日本を発ち、夏のモン・ブランに、さらに地球の裏側に回って冬のアコンカグア、キリマンジェロに登り、一三五日間で五大陸最高峰に登ってしまった。

東京・池袋にある日本ヒマラヤ協会の一室。マンション五階の狭い玄関は、いつも人の出入りが激しく、靴の脱ぎ場がないほど雑然としていることが多い。とくに登山隊派遣の時期となるとそれが顕著だった。だがその日は平日の午後ということもあって、来訪者が少なかった。私がゲラの校正で日本ヒマラヤ協会に山森欣一を訪ねたところ、ちょうど八木原と山田を交えて、三人で八〇〇〇メートル峰十四座登頂のスケジュールを打ち合わせているところだった。

「チョモランマとマッキンリーを登ったんだから、ついでに五大陸最高峰でも登るか」

山田がリラックスした調子で切り出した。

「いまさらお前が五大陸最高峰でもないだろう。仮に登るなら、冬季に一年以内で登るんだな」

山森が、新たな提案をした。

「いよいよ山田の八〇〇〇メートル峰十四座登頂も夢じゃなくなってきたからな」

山森の言葉を八木原が引き継いだ。

「この秋にはシシャパンマとチョ・オユーに連続登頂する予定だ。そうなると、九座十二回になる。いよいよ最終のスケジュールを考えなくてはならないだろう」

このとき、山田にはある決意と覚悟ができていた。ヒマラヤに憧れ、多くの先輩、仲間たちと登ってきたその実績は、すでに揺るぎのないものとなっていた。これまで十四座ある八〇〇〇メートル峰に七座十回の登頂歴がある。あと半分を残すのみだ。しかも強みは、「ビッグ五」と呼ばれる八五〇〇メートル以上の高峰に、エベレストの冬、秋、春の三回を含めK2、カンチェンジュンガ、ローツェと四座登っている。困難が予想されるのは、一度斎藤と挑んで撤退したマカルーくらいであろうか。年齢はすでに三十八歳になろうとしていたが、これまでの経験から十四座登頂も間近いと思われた。

事実、この秋にはシシャパンマ、チョ・オユーを無酸素で連続登頂し、この年、二度目のハットトリックを成しとげた。区切りのいい四十歳までにあと二年で五座。ガッシャブルムI峰、同II峰、ブロードピーク、ナンガ・パルバットの四座と、ネパールのマカルーを残すのみだ。八九年にバルトロ氷河の三座を、翌年ナンガ・パルバットを登って、最後を斎藤と登り残したマカルーで終わらせるという計画だった。

ちょうどそのころ、ノンフィクション作家の佐瀬稔は、十四座登頂が視野に入ってきた山田の人物像を描くため『岳人』で取材をはじめたばかりだった。なにしろ日本にいない時間のほうが長い山田である。なんとか時間をやりくりして、話を聞いていた。そのインタビューに山田はこう答えていた。

〈「登るたびに目標が高くなっていく感じがする。もっと楽に見えてくるかと思っていたのに、実際は逆なんです」

――どうしてでしょう。

「高い山に登るには、まず時間が要る。体力、資金、チャンス、困難に挑む意志、そして運。みんな揃わないことには登れない。成功するたびに、その難しさがよりはっきりと見えるようになってくる。だから、アンナプルナを登ったときよりも、ぼくに

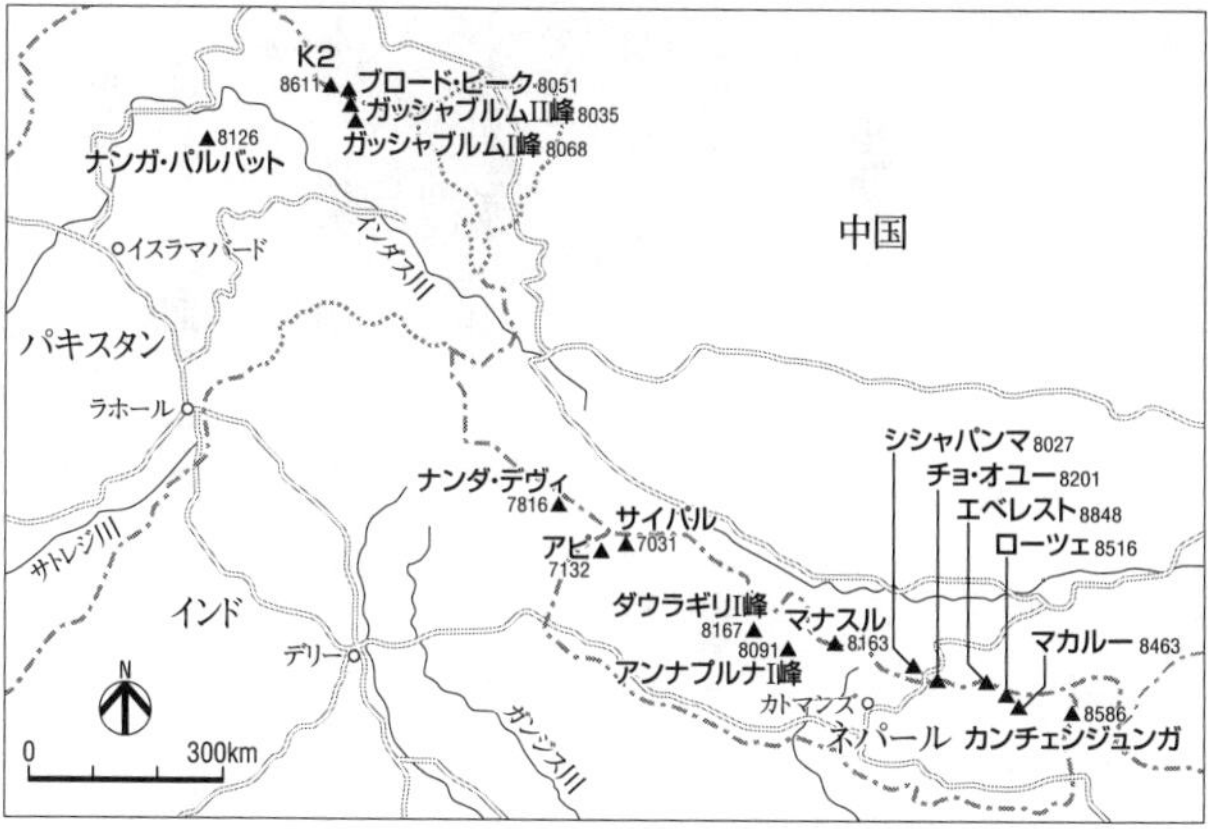
K2
8611
ブロード・ピーク 8051
ガッシャブルムII峰 8035
ガッシャブルムI峰 8068
8126
ナンガ・パルバット
中国
イスラマバード
インダス川
パキスタン
ラホール
シシャパンマ 8027
チョ・オユー 8201
エベレスト 8848
ローツェ 8516
ナンダ・デヴィ
7816
サイパル
7031
アピ
7132
サトレジ川
ダウラギリI峰
8167
マナスル
8163
8091
アンナプルナI峰
マカルー 8463
インド
デリー
N
カトマンズ
8586
ネパール
カンチェンジュンガ
0
300km
ガンジス川

とって十四座は、より遠く高いところに見えています」〉（佐瀬稔著『ヒマラヤを駆け抜けた男』東京新聞出版局）

山田には珍しくやや弱気になっているように見える。やはりだれもうかがい知れない「十四座の壁」――。十四座は、予測もつかないほど高く、遠く立ちはだかる「壁」かもしれない。あの山田でさえ、精神的な重圧感もともなって迫ってくるものがあったのだろう。

そう言いながらも、山田はさらに高峰を駆け続けた。一九八九年二月七日、シャモニからモン・ブラン・デュ・タキュルを経由してモン・ブラン頂上まで、単独、日帰りで縦走し、そのままヨーロッパからアラスカへ渡り、厳冬のマッキンリーへ向かう。その後の予定では、マッキンリーからエルブルースを登って厳冬期の五大陸最高峰登頂を達成し、その後、残りの五座を二年のうちに登って、四十歳の節目に八〇〇〇メートル峰十四座登頂を達成するはずだった。

「山田遭難か」

「山田遭難か」の第一報は、日本時間の三月六日早朝にもたらされた。ただ一人、マッキンリーのランディング・ポイント（ＬＰ）で山田たちの帰還を待っていた佐藤俊三は、自らも想像を絶する二日間にわたる嵐に遭遇したもののなんとかセスナ機に救助され、その佐藤によってタルキートナから発せられた情報だった。

その日、新聞各紙の夕刊には「山田昇さん遭難」「三人帰らぬ、救助を」「山田昇さん消息絶つ」などの大きな見出しのもとに、冬のマッキンリー登頂に挑んでいた山田、三枝照雄、小松幸三の遭難を報じていた。その驚愕のニュースに接したとき、私はまったく信じられなかった。

「あの山田さんたちにかぎって、まさか……」

山田たちを知るだれもがそうした感慨を抱いたにちがいない。ヒマラヤなど高峰での実績が、すぐには遭難と結びつかなかったからだ。山田は、十四座ある八〇〇〇メートル峰に九座十二回登頂、エベレストだけでも三シーズンに三回登頂している。それもそれぞれに冬であり、無酸素であり、交差縦走という卓越した登り方で登頂していた。しかも世界で三人目、二度のハットトリックも達成させていた。遭難はだれの目にもにわかには信じられないことだった。

今回のマッキンリーは、古くからの山仲間である小松と佐藤、そして三枝が一緒だった。一九八九年二月十五日午後、タルキートナからＬＰへ。十六日、十七日とカヒルトナ氷河本流からカヒルトナ・パスを目指して登り、その手前でテントを張った。翌十八日、ここで山田たちは上部を目指し、佐藤はＬＰへとそれぞれ分かれる。佐藤は山田たちの登頂を待ちながら、二十日、ＬＰでのんびりとした時間を過ごしていた。

二十日午前九時の交信。

〈佐藤「今、どこだ？」

山田「四九〇〇㍍、ウエスト・バットレスに出た所です。小松たちは二〇分くらい遅れています」

佐藤「風は強いかい？」

山田「ああ、ありますよ」（略）

佐藤「体の調子はどうだ？　高山病、心配ないかい？」

山田「全員、体調オーケーです」〉（『山と溪谷』一九八九年五月号）

交信はこのあと、気温やオーロラの話となり、午後三時の交信を約束して切れる。しかし、その三時に佐藤がいくら呼びかけても、以後、山田からの応答はぱったりと途絶えてしまった。二十日の夜から吹きはじめた風は、やがて強くなり、二十一日の明け方近くから暴風雪となり、二十二日まで二日間吹き荒れたという。ＬＰの佐藤も突風に翻弄され、生きた心地はしなかった。その後も佐藤は山田たちの生還を信じ、

1989年2月、厳冬のマッキンリーに挑み、強風のため遭難してしまう。写真は雪洞で、遭難直前の山田（右）と小松

食い延ばした食料も底をつきながら、なお待ち続けた。三月五日九時になってやっとセスナ機によって救出され、山田たち三人は「絶望」の報がもたらされるのである。

三月六日早朝、佐藤から連絡を受けた留守をあずかる田中祥治は八木原らに連絡、すぐに小松が社長を務めるマウンテントラベル社内に遭難対策本部を設置、八木原を本部長にして、関係者が続々と集まってきた。そこで、より詳しく正確な情報を得るために宮崎ら二人を現地に派遣することが決められた。佐藤がタルキートナへ下山したことからニュースが広がり、マスコミ関係者の取材で大混乱となる。

三月七日十時から佐藤も入れた四家族と対策本部の間で今後の方針について協議され、宮崎らに続いて九日には二次捜索隊十一人をマッキンリーに向け派遣することも決まった。

私もすぐに新橋のマウンテントラベルに駆けつけた。八木原や山森など顔なじみの関係者は打ち合わせに忙しい。邪魔にならないように、取材許可の内諾を得て、取材を進めることにした。まず現状はどうなっているのか――。すでに消息を絶ってから二週間以上経過している。情報が錯綜しているとはいえ、事態は決して予断を許さないところまできていた。「マッキンリーでなにがあったのか。どこで、どうして山田たちは消息を絶ってしまったのか……」。混乱した頭でマッキンリー遭難の取材を始め、捜索隊の話も加えながら、速報の記事作りに取りかかった。

さっそく二次捜索隊は空からの大がかりな捜索を開始する。高度六一〇〇メートルから六三〇〇メートルのデナリ・パス上空を飛んだ際、レンジャーが「三つの黒い物体」を発見する。さらに「三つの物体」が「三人の遺体」と確認されたことで、捜索隊は遺体収容隊となり、五二〇〇メートルの現場から遺体が回収されることになった。とうとう疑いのない遭難の事実が突き付けられたのである。

私たちは急遽、編集会議を開いて、このまま山田昇隊の遭難を追い、五月号と六月号の二度続けてその経緯を報告した。遭難が明らかになった時点で、「マッキンリーに逝った山田昇隊」（『山と溪谷』一九八九年五月号）という速報を執筆し、六月号では「冬のマッキンリー、悪魔の咆哮」と題して、尾形好雄による現地捜索報告、八木原による遭難分析、そして宮崎による追悼を七ページにわたって掲載した。その遭難の考察で、八木原は三人がアンザイレン（ロープを結び合うこと）していたことに言及し、かつ遭難の総括もしている。

〈下降の際、身の危険を感ずるほどの強風に吹かれたと考えるのが自然であろう。また山田としては、冬季アンナプルナ南壁で滑落死した斎藤安平の事故を思い、アンザイレンしたかもしれない。想像を絶する強風に遭い、安全性を考え、安心感を得、か

つ各自が離散しないように、アンザイレンしたと考えられるのである〉（『山と溪谷』一九八九年六月号）

アンザイレンに関しては、のちに出された公式報告書『極北の烈風に死す』（遭難対策本部編、東京新聞出版局）のなかで、山森も同様のことを言っている。

〈なぜ山田は最近ほとんどしなかったアンザイレンをあえてしたのだろうか。それは一九八七年、精神的にも技術的にも信頼しきっていたパートナー、斎藤安平が冬のアンナプルナI峰で転落死したことが脳裏から離れなかったためではなかろうか。冬のマッキンリーの風の音がアンナプルナの苦い経験をよみがえらせ、アンザイレンさせたものと信じたい〉

山田たちが実践してきたヒマラヤ登山では、スピードの点と相手を巻き込む危険を分散させる点からも、通常、アタックの際、アンザイレンすることはなかった。その山田が、極寒、烈風のマッキンリーで小松や三枝と一緒にしっかりロープを結んでいたという。

山田も、親しい人にこんな言葉を残していた。

「ザイルを組んでいればよかったんです。ザイルさえつけてれば、アンペイも小林も死なせずにすんだと思う」（『史上最強の登山家　山田昇』読売新聞社）

山田は、普段からあまり多くの文章を残していなかったが、数少ない記述のなかにこれまでのヒマラヤを総括し、今後の夢をまじめに綴った随想がある。マッキンリーに発つ直前に書かれていたものだ。

〈いつの頃だったか忘れてしまったが、登攀中、私は百八つの数を数えるようになった。一から始まって百八つまで。終わればまた一に戻って、それを何回も繰り返す。百八は人間の煩悩の数だという。意識して始めたのではないが、心の隅で実社会の煩わしさから逃れたい、という気持ちがあるのだろうか。出来すぎた話に聞こえるかもしれないが、これが私の習慣なのだ〉(『THIS IS』一九八九年五月号)

八木原の総括は、〈つまり、今回の遭難の主原因は風であり、強風に吹き飛ばされて転滑落したのであろうと思われる〉(『極北の烈風に死す』)と結論づけられていた。

憧れのマッキンリー登山

それにしても冬のマッキンリーとは、想像を超えた過酷な山なのだろう。厳冬期に挑んだ植村直己でさえ、世界初となる単独登頂を果たした後、消息を絶ってしまった。その五年後、「史上最強」といわれた山田昇たち三人も遭難死してしまった。植村も山田も、マッキンリーの烈風の激しさは十分認識していたはずである。すでに十分な実績を積んでいた植村や山田たちでさえ、その生還を退けてきたマッキンリーとは、いったいどんな山なのであろうか——。

北アメリカ大陸の最高峰、マッキンリー（六一九〇メートル）は、先住民から「デナリ（偉大なるもの）」と呼ばれている、アラスカ山脈の盟主である。かつてヨーロッパ便が北極経由で飛んでいたころ、飛行機の窓からその巨大な白い山塊を眺め、驚いたことが幾度となくあった。それほど顕著な独立峰である。

さらにマッキンリーは北緯六三度という高緯度にあるため、同じ標高でもヒマラヤに比べて気圧が低く、実際の標高以上、七〇〇〇メートル峰の高さにも匹敵するといわれている。ヒマラヤのようにポーターが荷物を運んでくれるわけでもなく、最近の公募登山隊のように登山がシステム化されているわけでもない。すべての荷物は、自分たちで荷上げしなくてはならないのだ。またマッキンリーは、ベースキャンプからの標高差だけに限ってみれば、世界最高峰のエベレストよりも約四〇〇〇メートルも「高い」といわれている。マッキンリーでは約四〇〇〇メートル登らなくてはならないが、エベレストではネパール側もチベット側もベースキャンプの標高が高いために、頂上まで約三六〇〇メートル登るだけだ。もちろん八〇〇〇メートル峰という絶対高

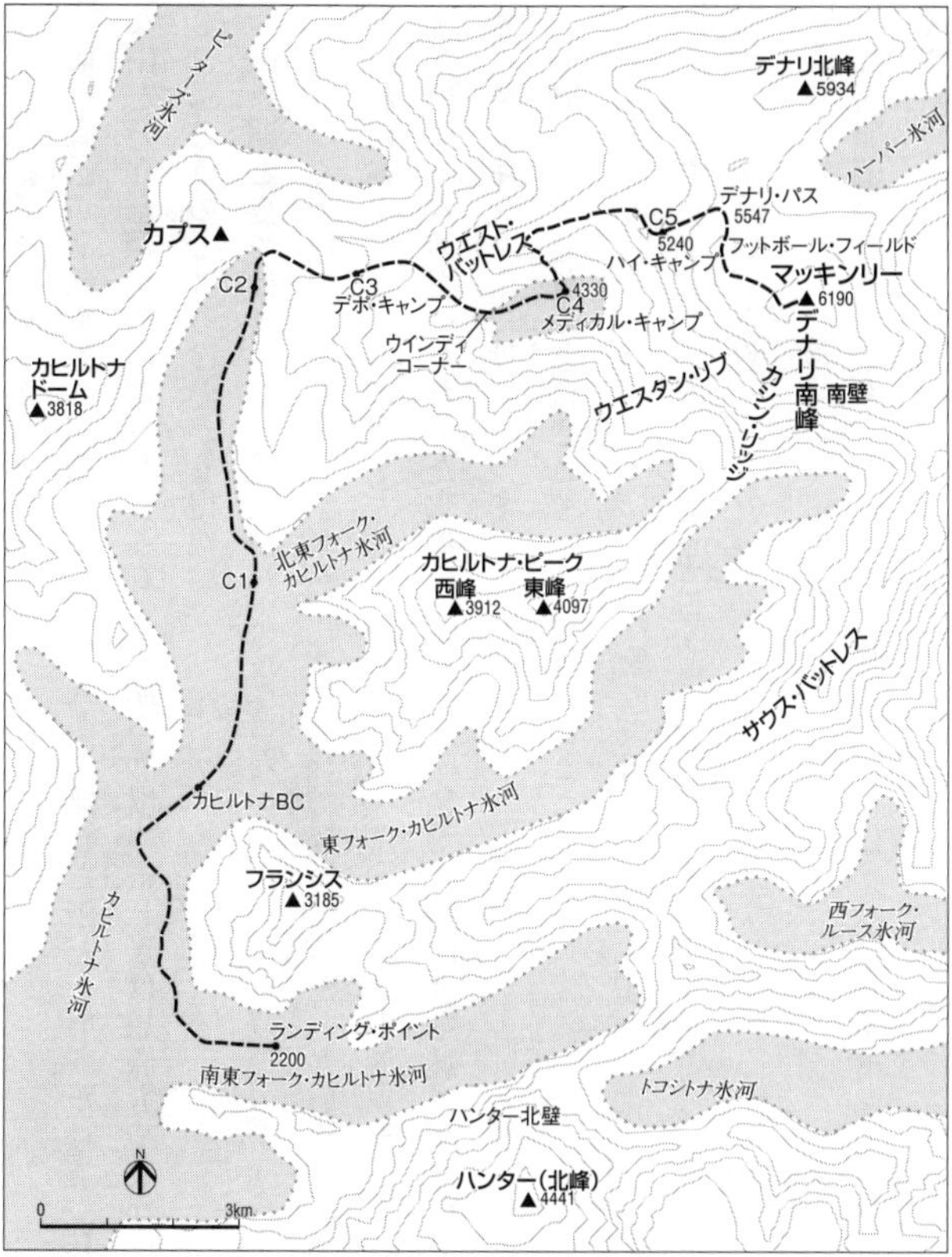

デナリ北峰
▲5934
ハーパー氷河
ピーターズ氷河
デナリ・パス
5547
C5
5240
ハイ・キャンプ
フットボール・フィールド
マッキンリー
▲6190
デナリ南峰
南壁
カプス▲
ウエスト・バットレス
C2
C3
デポ・キャンプ
4330
C4
メディカル・キャンプ
ウインディコーナー
カヒルトナドーム
▲3818
ウエスタン・リブ
カシン・リッジ
北東フォーク・カヒルトナ氷河
C1
カヒルトナ・ピーク
西峰
▲3912
東峰
▲4097
サウス・バットレス
カヒルトナBC
東フォーク・カヒルトナ氷河
フランシス
▲3185
西フォーク・ルース氷河
カヒルトナ氷河
ランディング・ポイント
2200
南東フォーク・カヒルトナ氷河
トコシトナ氷河
ハンター北壁
ハンター（北峰）
▲4441
N
0
3km

度だけは揺るぎないものがあるが……。

　植村直己が消息を絶ち、山田昇たち三人が遭難した山だというだけで、私には特別な山という意識があった。もちろん厳冬期の烈風の厳しさは想像もできないが、しかしほんとうのところはわかり得ない。

　厳冬期と夏ではまったく比較の対象にならないが、夏なら登頂のチャンスは多いだろう。ごく少数のライト・エクスペディションで登ってみたいという、極北の孤峰への憧れは強かった。あの白く大きな山容といい、六〇〇〇メートルを超える適度な高度といい、氷河をいただいた氷雪の山といい、私たち登山者を魅了するいくつもの要素がマッキンリーにはそろっていた。

「時間はもうそれほど残されていない。こんどこそ……」

　その憧れのマッキンリーのランディング・ポイント（LP、二二〇〇メートル）に、二〇一一年六月八日、私は、『山と溪谷』の常連執筆者でもあったアルパインガイドの木本哲を誘い、ともに降り立った。

「高所順応がうまくいき、天候に恵まれさえすれば、八〇パーセントは登れると思うんだ」

ランディングポイントからカヒルナト氷河に上がり、ソリを引きながら荷上げする登山隊

「登ろうという思いさえしっかり持っていれば大丈夫ですよ」

私たちは、事前にそんな会話を交わしていた。正直に告白すれば、八〇パーセントどころか九〇パーセント以上、ほぼ間違いなく登れると思っていた。

マッキンリーは大きな山である。カヒルトナ氷河の本流をカヒルトナ・パスの手前まで詰め、右上してデポ・キャンプ（ＤＣ）に上がる。氷河登高の第一ステージだ。ここからはアイゼンとピッケルの世界に変わり、ウィンディー・コーナーを回り込んで、ベースキャンプとなるメディカル・キャンプ（ＭＣ）へ。さらに核心部のウエスト・バットレスを登り岩稜帯を経てハイ・キャンプ（ＨＣ）へ。ここまでが登攀と順応の第二ステージ。そしてアタックの第三ステージは、長い雪壁を左上してデナリ・パスを越え、さらに「フットボール・フィールド」と呼ばれる広く長い雪稜を登って頂上に至るというものだ。ＬＰが二二〇〇メートルだから標高差は四〇〇〇メートル、水平移動距離が約二八・五キロあるという。この間、キャンプを五つ、順応と荷上げを繰り返しながら頂上を目指すことになる。

さて、なだらかな氷河を登る第一ステージから第二ステージへはすべて順調。三日行動して一日休養する行動パターンを基本に、入山三日目にはＤＣ、七日目にはＭＣと呼ばれるベースキャンプに入ることができた。ここでも一日休養、翌日は核心部ウ

BC となる C4 のメディカル・キャンプから、核心部となるウェスト・バットレスを登る

エスト・バットレスの雪壁もフィックスロープをユマーリングして、さらに翌日には岩稜帯を越えてHCを往復した。ここまで毎日、好天に恵まれ、高所順応もうまくいっているようだった。

ちなみに山田たちが雪洞を掘って最終アタックに備えた地点は、夏なら五二〇〇メートルのハイ・キャンプと呼ばれる最終キャンプ地で、尾形好雄たちによって発見された遺体は、デナリ・パスのやや下方の斜面に横たわっていた。

登頂態勢が整ってきた十九日から天気が悪くなってきた。予定では二十日にHC入りし、翌日、アタックのはずだが、朝からの雪で停滞が続く。

考えてみれば、入山以来、スケジュールはすべて順調でゆっくり休むこともままならなかった。木本の持ってきたREIの四、五人用テントは居住性がとてもよく、快適なテント生活を送ることができた。シュラフでウトウトしたり、持ってきた文庫を読んだり、ちょっと木本と話をしたり。ビールがないのはさすがに寂しいが、それももう慣れてしまった。そういえば私たちは、いっさいのハイテク器械を持ち込んでいない。つまりいっさいの情報から隔絶された環境にいたわけだが、それなのになんの不便も感じることなく、時間だけがゆっくりと流れてゆく。それがまた新鮮で、じつにうれしくなってくる。

ウェスト・バットレスの途中からBCを見おろす。ハンター（右）とフォーレイカーが美しい

三日間、雪が降り続き、やっと二十二日、好天の周期に入ったようだ。風はあるものの、その日、HCに入った。なんだか明日、頂上アタックするという実感がないまま急ぎ足でアタックの夜を迎えた。HCに上げた二人用テントで寒く窮屈な夜を過ごすことになった。

そして二十三日、風はあるが、上空は晴れている。あまりに寒いので、太陽が当たり出す十時に出発、五五五〇メートルのデナリ・パスを目指す。はじめは調子が悪くなかったが、高度が上がるにつれて、きつくなってきた。立ち止まってピッケルにもたれかかり、息を整える回数が増える。デナリ・パスを越えると、風がいちだんと強くなってきた。通称「フットボール・フィールド」へ続く五六〇〇メートル付近で、ちょっと休んだときのことだった。写真を撮るため、私はまったく不用意に手袋を取ってしまった。まるで意識が飛んでいたようだ。化学繊維のインナーの上に厚い手袋をしていたのだが、何の気なしにインナーまで取ってしまったのだ。まったく迂闊なことだった。その間、約一分。

「手袋、取っちゃダメだ」

木本の声でわれに返った。すぐに手袋をしたが、すでに指先は冷たくてジンジンしている。気持ちの上でもまったく余裕がなくなってしまった。どうしたわけか寒気ま

C5の最終キャンプからデナリ・パスへ登る。背後はハンター

である。

「一度、下りよう」

すでに気持ちが完全に萎えていた。しかも凍傷が怖かった。

結局、その日、私はHCまで下り、木本は下山途中から一人で頂上を登り直してきた。右手の中指と薬指、左手の薬指の先端がすでに白く凍りついていた。まだHCの高度に順応できていなかったのだ。いまから考えると、アタックの朝も頭がなんとなくぼんやりしていて、ただ無意識に登っていたような気がする。意識にも体にもまったく覇気が感じられなかった。だからあんな単純なミスを犯してしまったのだろう。高峰順応にしっかり時間をかけて、考えられるリスクを少しでも減らすべきだった。高峰に対する危機管理がまったくできていなかったのだ。

MCに下りて数日はまた悪天の周期に入ってしまったようで、連日雪が降り、はっきりしない天気が続いた。私ははじめ、順応がうまくいき天気さえよければ、簡単に登れると思っていた。しかし、いまは違う。登ろうという意志があること、それに見合った体力がなければ登れない。毎日、凍傷になった指にクリームを塗りながら、マッサージを繰り返した。このままでは、何をしに来たのかわからない。このままおめおめと帰るわけにはいかなかった。

今回のマッキンリーは、ぜひ木本と一緒に来たかった。

話はさかのぼるが、木本とはもう三十年以上も前、よく雑誌の原稿を頼んでいたことがある。はっきりしない、ボソボソとしたしゃべり方をする男だが、頼んだ原稿はよく推敲された完成度の高いものだった。なかでも一九八五年秋、映画『植村直己物語』の撮影で八木原や山田たちと一緒にエベレストに登った際、遭難の一歩手前の出来事を綴った「感慨なき登頂」という文章は、ひときわ記憶に残っている。撮影終了後、撮影隊十一人でエベレストに挑み登頂したものの、木本は目の見えなくなったカメラマンに終始付き添ってビバーク、救助に上がってきた村上和也と一緒に下ろすのだが、帰国後、彼は両足指十本のすべてを失ってしまう。

〈帰国して東横病院に入院しているとき、母親の口から身体障害者になるんだねということばがもれたときには、何よりも痛かった。事故を起こしてはならない。ぼくは今回の事故は、起きるべくして起きたものだと思う。防ぐ手だてを怠ったために、まわりの者をとても危険な渦の中に巻き込んでしまった。×××は五大陸登頂の栄誉を得、ぼくはだいじな両足の指一〇本と少しばかりの夢を失った〉（『山と溪谷』一九八六年五月号）

程度の違いはあるが、やはりそのカメラマンの危機管理の意識が足りなかったのだ。

木本一人なら、安全にその日のうちに下山できたはずである。しかし、目の見えないカメラマン一人を残して、木本は自分だけ下りることができなかった。優しさの代償として足の指十本を失ってしまうのだが、木本とはそんな男だった。

「好天をとらえてこのMCから一日でアタックしましょう。荷物を軽くして、リスクを減らすんです」

「自信ないなあ。標高差二八〇〇メートルあるんだよ。岩稜帯まで三時間、HCまで二時間、デナリ・パスまで二時間、頂上まで三時間、登りだけで十時間かかる」

「HCに泊まれば、それだけ日数はかかるし、装備も増える。それよりここを早朝に出て、休まずにゆっくり登って、あとは下りるだけ」

そう言われても、やはり私には自信がなかった。しかし、予想より悪天が続き、そんな悠長なことは言っていられない。そろそろタイムリミットだった。やっと二十九日になって、好天の兆しが見えてきた。

「よし、やれるだけやってみよう」

明けて三十日、六時に起床。風もなく天気もいい。最後のチャンスに賭けることにした。羽毛服の上からアウターを着て、手袋も三枚重ねた。最後まで迷ったカメラは、結局、MCに置いていくことにした。大きなザックの中にはテルモスと水筒、それに行動食のエネルギーバーが三本だけ。朝食ののち八時に出発した。

もう十分、高度には順応していた。天気も安定している。登ろうという意志もある。体中から力が漲《みなぎ》ってくるようだ。十二時にはHC着、ここで十五分休憩。二時デナリ・パス、四時前には最後の頂上稜線に着こうとしていた。

前を登っていた木本が振り返ってこう言った。

「頂上まであと一時間くらいかな。頂上稜線に雪煙が上がっていますが、どうしますか」

たしかに頂上はすぐそこだ。このまま登高を続ければ、間違いなく登頂できるだろう。しかし、頂上稜線に上がる雪煙が風の強さを物語っていた。凍傷の指に自信がない。強行すれば、右手の二本と左手の一本は、最悪の場合、第一関節から切断の可能性もある。不思議とすぐに決断できた。

「頂上に行ったら、指を切るかもしれない。下りよう」

まったく未練がないといえばうそになるだろうが、自分でも意外に思うほど気持ちはさっぱりしていた。通常では考えられないMCからのアタックで、頂上まであとわずか登り二〇〇メートル、一時間強。指三本切断の恐れを考えると、もう十分だった。気持ちに十分すぎるほどの余裕があった。木本のコンパクトカメラで頂上を背にした写真を撮ってもらい、すぐ下山に移った。サバサバしたものだった。その日、MCに着いたのは午後九時十五分。行動時間は十三時間に及んだ。

「まだまだ、やれるじゃないか」

そんな感慨を抱いて、私のマッキンリーは終わった。

＊

山田たちの遭難後も、八木原を中心に報告会や偲ぶ会、報告書や追悼集の出版が相次いだ。

遭難から三カ月、一九八九年六月十一日、「マッキンリー遭難報告会」と「三君を偲ぶ会」が東京・霞ヶ関の東京会館で開催され、五〇〇人を超える出席者があり、超満員となった。また二〇〇三年四月二十日、山田昇の十五年祭に合わせて、その追悼集『白き山河の旅人』の発刊祝賀会が沼田市のホテルで開催されている。このときも、日本山岳協会、日本ヒマラヤ協会、群馬県山岳連盟などを中心に二三〇人ほどの友人が集まり、山田の遭難から十五年経った、時の経過に思いを馳せた。

会場では、山田の高校の二年後輩だった歌手の「いしざかびんが」が、追悼歌『山岳昇歌』を披露した。

「夢はるか　ヒマラヤに　強者どもが　いどみつづける　テントの中で　見る夢は
ふるさとの　仲間たち」

淋しい音色が会場に響き渡った。

山田が亡くなっても、彼の遺志を継ごうという行為は続いていた。

一九八九年三月、佐藤俊三からの電話「下山せず」の第一報にちなんで、毎月一度六日に集まる会が、報告書が出来上がったのちも続いている。「三月六日」にかけて山麓会《さぶろくかい》と呼ばれている集まりで、いまなお酒を飲みながら親睦を深めている。さすがに六日という決まりはなくなったが、毎月欠かさず集まっているのだ。月一回、簡単なようだが、そう続くものではないだろう。山田の人柄が、そんなにぎやかな仲間たちを集めているのだ。

山田の名を冠したイベントも継続されている。一九九〇年九月三十日、武尊山を舞台にして山田昇記念杯登山競争大会が開かれた。男性一〇キロ、女性五キロの荷を背負って、約一五キロを走り登り、そのスピードを競うものだった。しかし、二十年続いたその大会も一年休み、二〇一一年と一四年に昨今のトレランブームに合わせて軌道修正されて、現在では、「上州武尊山スカイビュートレイル」と名称も変わっている。一三〇キロのロングコースを踏破する、より厳しいものになったが、かえって若い人たちの支持を得て、参加者も増えているという。山田昇記念杯から二〇一七年で、通算二十七回を数えるまでになった。

二〇一二年七月七日には、兄・山田豊の「喜寿と金婚をお祝いする集い」が開催された。日本ヒマラヤ協会の山森欣一が企画したもので、豊夫妻をはじめ山麓会、群馬県山岳連盟などから三十四人が出席、一艘の屋形船に乗って東京湾を巡った。参加者の一人ひとりが順にあいさつ、小ぢんまりとして和気あいあいとした会になった。ちょうどこの年の五月、日本人として初めて八〇〇〇メートル峰十四座全山登頂を果たした竹内洋岳《ひろたか》も特別参加し、その席上で登頂の報告があった。

山田が果たせなかった夢が、竹内によってようやく結実したことになる。山田が四十歳で八〇〇〇メートル峰全山登頂を視野に入れたのが一九八八年。それから二十四年の時を経て、日本人の全山登頂者がやっと現れたわけである。一人の登山家が八〇〇〇メートル峰十四座を登り切ることがいかに大変なことか。十四座登頂の「壁」が、いかに高く、険しく、厳しいものであるのか――。その困難に、いまから二十年以上も前に、山田があと一歩のところまで迫っていたという事実。

山田は、ヒマラヤの八〇〇〇メートル峰十四座の全山登頂を目前にして、厳冬期のマッキンリーの強風に逝ってしまった。ヒマラヤの八〇〇〇メートル峰ではなく、強風のマッキンリーで……。その不条理を思わずにはいられない。

山田のヒマラヤでの活躍は一九七五年のラトック山群のトレッキングに始まるが、一九七八年のダウラギリ1峰南東稜登頂からが本格的な登山の開始といっていいだろう。以後、一九八九年、冬のマッキンリーで命を落とすことになるのだが、その間の活躍は濃密なものだった。山田の走り続けた十年間は、まさに怒濤の勢いがあった。

一九六〇年代から七〇年代にかけての高度経済成長、そしてバブル景気の崩壊と続き、一九八九年一月七日、昭和天皇が崩御され昭和の時代が終焉を迎えたことになる。山田のマッキンリーでの遭難は、ちょうど昭和の終焉と符合していた。ちなみにこの年、一月にリクルート事件が発覚し、四月には天安門事件が起こり、十二月にはマルタ会談によって東西冷戦の終結が宣言されている。世界も激動の時代に向かっていた。

山田が活躍した十年間は、ヒマラヤ登山の爛熟期にあったといえるだろう。日本のヒマラヤ登山も、少人数によるアルパイン・スタイル、厳冬期、バリエーション・ルートからの登頂、そして無酸素登頂などと、世界レベルに追いつき、対等に肩を並べるまでに発展してきた。それを実際の登頂で支えていたのが山田だった。しかし以後、ヒマラヤ登山も次第に大衆化して、やがて退潮期を迎えることになるのだが、まだそれまでには数年を要している。山田にとってもじつに充実した十年だったのだろう。しかし山田の遭難とともに、昭和の時代も足早に過ぎ去っていったような気がする。

二〇一七年十一月の午後、私は久しぶりに、沼田の山田りんご園の敷地内に建つ山田昇ヒマラヤ資料館を訪ねた。兄の豊と八木原も同席してくれた。吹き抜けになった平屋建ての小さな建物には、正面に山田の大きな写真パネルが飾られ、海外登山の記録や写真、書籍、それにピッケルなどの登山装備が展示されている。とくに目を引くのが、一九八九年のマッキンリー遭難時に着ていた装備やアイゼンなどである。そしてそこには、三人が結び合っていたというロープも……。

アンナプルナ南壁で斎藤が遭難したとき、山田はアンザイレンしていなかった。山田クラスの登山家は、危険を分散させるという意味で通常はロープを結ばない。しかしマッキンリーでは、小松、三枝と三人でしっかりロープを結び合っていたのである。

資料館の前には小さな記念碑がある。「情熱さえあれば／努力さえすれば／山登りほど／自分の夢をかなえてくれるスポーツは／ほかにない」という山田の言葉が彫られていた。

山田昇年譜

1950年　0歳　2月9日、群馬県利根郡利南村（現・沼田市久屋原町）に、3男3女の末子として生まれる。

1968年　18歳　3月、沼田高校卒業。沼田山岳会に入会。谷川岳一ノ倉沢4ルンゼ、幕岩Cフェースなどに登攀。

1969年　19歳　池貝鉄工入社。谷川岳一ノ倉沢衝立岩ダイレクトカンテ登攀。

1972年　22歳　4月、谷川岳衝立岩ダイレクトカンテ、コップ状岩壁右岩壁などを登攀。

1974年　24歳　群馬県海外登山研究会に入会。3月、鹿島槍ヶ岳北壁、7月、穂高岳滝谷、9月、明星山南壁などに登攀。

1975年　25歳　夏、カラコルム山脈のラットク山群を一周し、偵察する。

1978年　28歳　10月21日、第二次隊として、ダウラギリ1峰南東稜を登頂。初めての8000メートル峰挑戦でサミッターとなる。

1979年　29歳　唐沢岳幕岩山嶺第2ルート冬季第二登。

1980年　30歳　カンチェンジュンガ偵察。ケダルナート・ドームに副隊長として参加、10月1日登頂。

1981年　31歳　5月9日、カンチェンジュンガ縦走を目指し主峰に登頂。10月10日、ランタン・リ初登頂。

1982年　32歳　10月18日、ダウラギリ1峰北壁ペア・ルート登頂。冬、マナスルの冬季初登頂を目指すが、撤退。

1983年　33歳　10月9日、ローツェ西壁に登攀隊長として参加、登頂。12月16日、冬のエベレスト東南稜登頂。冬季第3登。

1984年　34歳　9月13日、マモストン・カンリに登頂。冬、アンナプルナ1峰南壁、7150メートル地点で撤退。

1985年　35歳　7月24日、K2南東稜無酸素登頂。10月13日、『植村物語』撮影隊で、エベレスト東南稜無酸素登頂。12月14日、冬のマナスル無酸素登頂。初めてのハットトリック達成。

1986年　36歳　冬、マカルー南東稜からアルパイン・スタイルで挑戦したが、7500メートルで断念。

1987年　37歳　12月20日、アンナプルナ1峰南壁登頂。群馬県山岳連盟初めての冬季、8000メートル峰、バリエーション・ルートの登頂となる。

1988年　38歳　5月5日、日本・中国・ネパール三国合同隊で、チョモランマからネパールへ交差縦走。6月10日マッキンリーにBCから5時間20分で登頂。10月24日、シシャパンマ、11月6日、チョ・オユーに連続登頂。2度目のハットトリック達成。

1989年　39歳　2月7日、冬のモン・ブランに単独登頂。2月24日、厳冬期のマッキンリーで強風のため遭難。

河野兵市

リーチングホーム

河野兵市（こうの・ひょういち　1958 年〜 01 年）

愛媛県瀬戸町生まれ。冒険家、植木職人。高校卒業後、81 年自転車で世界一周の旅に出て、北米、南米などを徒歩や自転車で縦断、87 年帰国。90 年サハラ砂漠 5000 キロをリヤカーで単独徒歩縦断。極地に場を移し、95 年北磁極単独徒歩到達、97 年日本人初めての北極点単独徒歩到達。「リーチングホーム」の途上で遭難。

海に開けた半島

まさに絵に描いたような光景が目の前に広がっていた。雲ひとつない真っ青な空、すっくと立つ白亜の灯台、光り輝く海を遠く遥かに航行する何艘かの船――。佐田岬の突端にある灯台は夏の光に溢れ、静かに佇んでいた。

四国の最西端に、佐田岬半島という爪楊枝《つまようじ》のような形をした半島がある。そのさらに突端にあるのが佐田岬灯台だ。北緯三三度二〇分三五秒、東経一三二度〇分五三・七秒に位置し、一九一八（大正七）年に設置、点灯された白亜の灯台である。この佐田岬の先端から九州・大分県の関崎まではわずか一三キロ、うっすらとではあるがしっかり目視できるほどの近さだ。佐田岬半島自体が約四〇キロという細長い半島だから、その先の九州の近さがおのずと想像できるであろう。九州と佐田岬の間に横たわる豊予《ほうよ》海峡は、瀬戸内海と外海をつなぐ海上交通の要衝で、潮流の速さでも際立っているという。

この灯台に来る前、私はまったく異なった感慨を抱いていた。半島のどん詰まりというイメージが強く、最果ての地という閉塞感に支配されていると思っていた。だが、地勢上はたしかに最西端の辺境の地といえるかもしれないが、目の前に展開している光景は、空や海の広がりといい、海の向こうに霞む島影といい、すべてが開放的でおおらかだった。

佐田岬灯台と同様の意味で、三崎の集落にも驚かされた。佐田岬半島は愛媛県八幡浜市から大峠トンネルを越えて一九七号線につながるのだが、かつては「峠十三里」と呼ばれる交通の難所だったという。しかし一九八七（昭和六二）年に開通した「メロディーライン」によって、半島の脊梁を走る快適な舗装道路となり、その道が三崎の集落まで延びている。大久の集落を過ぎると、しばらくはその先に集落はなく、いくつかのトンネルを越えて三崎の集落に入ることになる。

私はこの三崎も、もっとさびれた突端の漁港をイメージしていた。しかし、ここには町役場の支所もあり、観光交流の拠点として「佐田岬はなはな」という新しくて立派な観光施設が建ち、観光案内所や第一次産品などを販売している直売所もある。また通りには何軒かの飲食店やコンビニも並んでいて、旅館や民宿も数軒建っている。その中央に広い駐車場を備えたフェリー乗り場があり、海に向かって開けているのだ。この三崎港と大分県の佐賀関港まで七十分、一〇〇〇トン級のフェリーが朝六時半から夜中の二十三時半まで、一時間に一本運航しているのである。九州に大きく扉を開

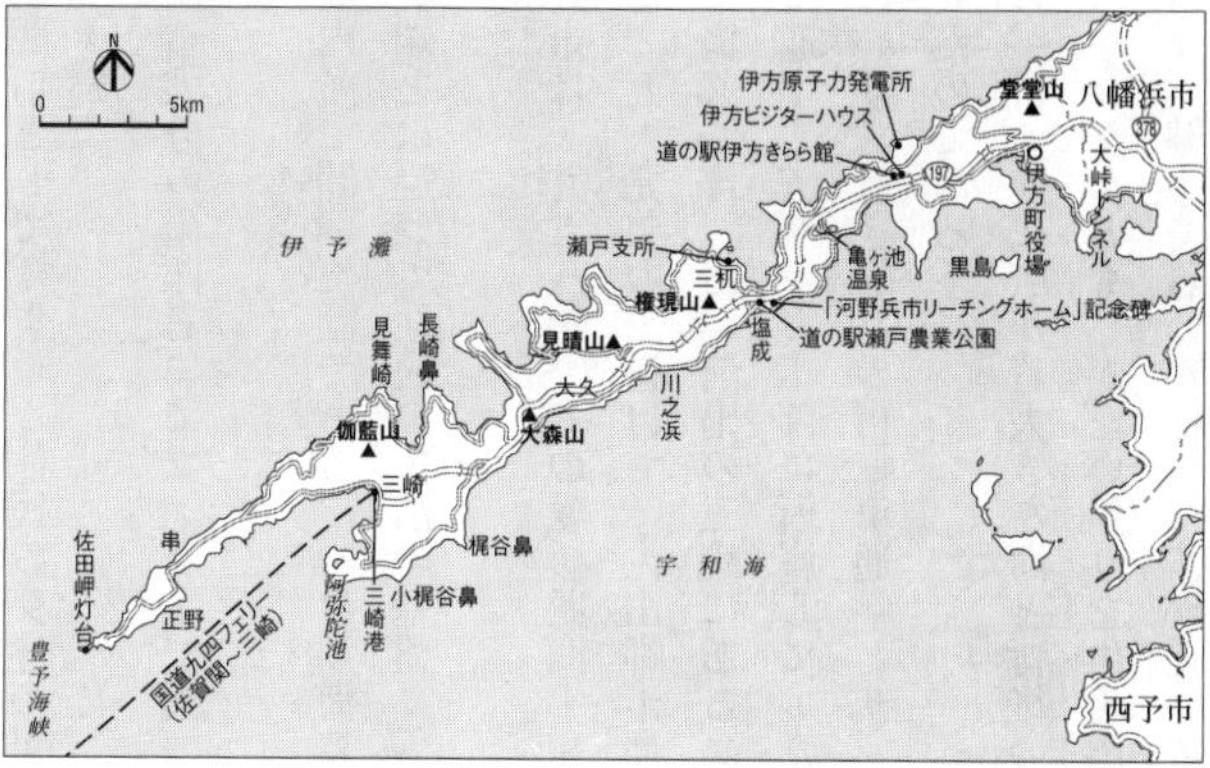
N
0
5km
伊方原子力発電所
伊方ビジターハウス
道の駅伊方きらら館
堂堂山
八幡浜市
378
197
伊方町役場
大峠トンネル
伊予灘
瀬戸支所
三机
亀ヶ池温泉
黒島
権現山
「河野兵市リーチングホーム」記念碑
塩成
道の駅瀬戸農業公園
見晴山
見舞崎
長崎鼻
大久
川之浜
伽藍山
大森山
三崎
串
佐田岬灯台
梶谷鼻
宇和海
阿弥陀池
三崎港
小梶谷鼻
正野
豊予海峡
国道九四フェリー（佐賀関〜三崎）
西予市

かれた玄関口として、貴重な住民の交通の足として、九州の大分県との交流を担っているのだった。

「ここから大分の歯医者までフェリーで通っとります。生活圏も大分と半々くらいでしょうか」

観光案内所で聞いた話である。やはり海に向かって開けた開放的なイメージが強く、灯台の突端とは違って住民の生活の基盤にもなっていた。


河野《こうの》兵市は一九五八年、その愛媛県西宇和郡瀬戸町（現・伊方町）のミカン農家に生まれた。五人兄弟の三番目で、佐田岬半島のほぼ中央部、川之浜という海に面したのどかな集落で育った。前出の三崎にある高校入学とともに片道一七キロの道のりを自転車で通学し、サッカー部に所属していた。雨の日も一日も休まずに通学と部活を続けたという。行き帰りの自転車通学とサッカー部の活動が、河野に並外れた体力をつけさせたのであろう。

しかし、目の前に広がる大きな海と背後のミカン畑が開放的な明るい雰囲気とはうらはらに、いかんともしがたい焦りを生み出していく。あまりに平和で刺激に乏しい退屈な日々。健康で若いがゆえに、かえって直面させられるどうしようもない閉塞感。

河野は外の世界に出るしか生きるすべはなかったのであろう。

高校卒業とともに大阪に出て就職するが、タイムカードで区切られた日常に疑問を感じて、一年でやめてしまう。関西サイクルスポーツセンターに、池本元光というサイクリストの記事をもって訪ねたことがそのきっかけだった。一九七二年、日本人初の自転車世界一周を達成したという朝日新聞の記事に触発されたのだ。

一九七八年になると、各地でアルバイトをしながら、一年三カ月をかけて自転車で一万六〇〇〇キロの日本一周の旅に出る。当時はまだ仕事を選り好みさえしなければ、現在とは違ってどうにでもなると思われていた時代だった。この年、東京・池袋に「サンシャイン60」が、成田には新東京国際空港がそれぞれ開業し、実業の世界でも好景気に沸いていた時代だった。その後は一年間、大阪市内で建設作業員、大工などのアルバイトをして二八〇〇万円ほど貯め、ついに一九八一年二月、満を持して大阪を出発、世界一周への旅に出るのである。

河野は、どのような思いを抱いて川之浜から旅立ったのであろうか。

〈この一年間は本もよく読んだ。なかでも司馬遼太郎の『竜馬がゆく』には感銘して、竜馬の生き方が好きになってしまった（略）「よーし、俺も世界に出て星になって帰って来るんや、やったるぜぇー」と。そうして一九八一年二月。大阪を出発して高知にある「坂本竜馬先生」の銅像に挨拶し、愛媛の実家に立ち寄って一週間でみかん山の杉刈りを済ませ、九州に渡った。鹿児島、沖縄を経て、台湾へ向かい、私の自転車の旅はついに世界に出たのだった〉（地平線会議編『地平線から』）

坂本竜馬の世界を視野に入れた生き方に感銘を受け、その心意気に共鳴したにちがいない。のどかで気候がいいとはいえ、毎日、海とミカン畑だけを見て暮らすにはあまりに刺激がなさすぎた。体力はあり余るほどあり、チャレンジ精神も旺盛で時間もある。毎日、海を見ていれば、いつか外の世界に強い憧れを抱くようになるのは自然の流れだった。それに二十二歳という年齢は、少しくらいの失敗でも許される年ごろだ。まさか七年もの旅になるとは思わなかっただろうが、自ら世界への扉をこじあけて海を渡ったのである。

河野は自転車に荷物を満載にして佐田岬から大分に渡り九州を南下、沖縄から台湾、香港へと勇躍世界への一歩を踏み出し、本格的な旅が始まる。オーストラリアで資金稼ぎをしながら、ニュージーランドへ、そしてハワイを経由してアラスカへ渡る。さらにカナダを横断し、やがてニューヨークに腰を落ち着けて皿洗いのアルバイトをはじめた。

私も河野と同様、ある一時期、ニューヨークで働いていたことがある。一九七四年のことだから彼より七年前のことになる。聴講生として半年、ミシガン州の大学に潜り込んでいた私は、次はニューヨークに出ようと決めていた。ニューヨークならなんとか仕事にもありつけるだろうという安直な思いからだ。なんの見込みもなかったが、新聞の求人欄で職を探し、ブルックリンのユダヤ人が経営するサンドイッチ工場に職を得た。当時のニューヨークはアジアの安い労働力を必要としていたこともあって、時給二ドル（日本円で六〇〇円）で雇われた。高くはなかったが、それでも十分な稼ぎになって、次の旅の資金を稼げたことをよく覚えている。マンハッタンに小さなアパートを借りて、地下鉄で通った懐かしい思い出だ。

だから、河野がニューヨークで皿洗いのアルバイトをしながら資金稼ぎに精を出していたことに、ある種、同志のような共感を抱くのである。それなりに大変だっただろうが、若いときにしかできない貴重な体験になったはずだ。

河野は、日本アドベンチャー・サイクリストクラブ（JACC）という、自転車で世界中を旅しながら情報を交換しあうサークルに所属していた。先に紹介した池本が一九七九年に創立し、代表を務める会である。当時の旅行ブーム、自転車ブームにのって、一時期は世界中で活動する会員が三〇〇人以上いたこともあるという。

河野は母体はＪＡＣＣにおいていたが、彼の突出した行動力は、自転車だけに執着することなく、川下りでも登山でも徒歩横断でも、それまで経験したことのない行為に挑戦して、それをやり切ってしまうことにあった。自転車による旅の途中で、これまでとは異なる、より冒険的で挑戦的な行動に興味を示す。

一九八二年十一月には、ユーコン河二〇〇〇キロを筏とゴムボートで四十八日間かけて下る。さらに体力トレーニングを積みながら登山の基礎を学び、八三年七月にはマッキンリーに、生まれて初めての高所登山で登頂してしまう。続けて八月から翌年二月まで六カ月かけて、ロサンゼルスからニューヨークまで北米大陸を徒歩横断。その間、ボストン、ニューヨークなどのフルマラソンに出場して完走。抜群の体力と運動神経、並外れた好奇心、そしてあらゆる事態にも対処できる精神の柔軟性がなければできるものではないだろう。

その後も南米を目指して南下、途中マウント・レーニアなど四〇〇〇メートル峰三峰を単独登頂、メキシコのポポカテペトルなど二峰に登り、南米に入ってエクアドルの六〇〇〇メートル峰コトパクシとチンボラソ、八六年一月には南米最高峰のアコンカグアにも登ってしまう。ここまででも、すでに経験を積んだ登山家を凌駕するほどの登山歴だ。さらに三月に入ってパタゴニアを徒歩縦断、その途中、ワスカランにも登頂。ここで知り合った日本人登山家とナンガ・パルバットを登る約束をして、ふたたびベネズエラのカラカスから最南端のウスアイアまで、南米大陸の真ん中一万キロを自転車で縦断してしまう。八七年三月、河野兵市、二十八歳のときだった。

広がる「人の輪」

こうした世界を舞台にした自転車や筏下り、登山などを通して、河野の周囲には人の出入りが頻繁にみられた。世界各地を旅するなかで、なかなか越えられない言葉の壁と情報収集の必要性が日本人の若者たちを呼び寄せるのだろう。そこに旅人特有の臭覚が加わり、自然に同好の若者が集まってくるのだ。さらにあの人懐こい風貌と性格があるものだから、河野の周りにはいつも若い人の輪ができていた。彼らが資金稼ぎのためにニューヨークに集まってきたのと同様、南米にも多くの旅人が集まっていた。

アンデスの登山基地として知られるワラスは、そうした若者たちのたまり場のひとつであった。そのワラスで、一九八六年、ワスカラン、アコンカグアなどで知り合った登山家の玉田仁と再会した。細身で無口の玉田は学者のような風貌をしていたが、かつて登山家の長谷川恒男の事務所でアシスタントガイドをしていたことがあり、私も代々木の長谷川事務所で何度も会ったことがある。のちに玉田が登頂に執念を燃やすナンガ・パルバットに河野も参加することになるのだが、それはまだちょっと先の話である。

その玉田が、トクヤラフに登る登山隊を連れてワラスを訪れた。手配を引き受けていたのが佐藤芳夫という南米のエキスパートである。彼は当時、南米のツアーのほとんどを手がけていた旅のスペシャリストだが、じつは彼も経験豊富な登山家でもあった。私は、玉田とは長谷川事務所でガイドのアシスタントとして働いていたころに、佐藤とは南米に関する雑誌原稿の依頼などでともに顔見知りだった。こうして人と人が、それぞれが別のルートでつながって集まってくる。そこに河野の自転車と登山が結びつき、不思議な人の輪が生まれて次第に広がっていくのである。

河野は玉田を知って、一気に八〇〇〇メートル峰のナンガ・パルバットに興味を示すのであるが、そのがむしゃらなほどの一途さがまたいかにも河野らしい。玉田は、ナンガ・パルバットのルパール壁中央側稜の、メスナー以来二十年ぶりの第二登の登頂に執念を燃やしていた。一方、河野は河野で一九八七年五月から六月までペルー・

アンデスで氷壁登攀のトレーニングを積み、パキスタンのナンガ・パルバットまでやってくるのだが、この登山隊にもう一人の隊員として参加したのが、まだ若き早坂敬二郎だった。

早坂は一九四六年、山形県羽黒山の麓の宿坊に生まれ、東京農業大学山岳部ＯＢ。彼もまた若いころ、旅の途上で南米の洗礼を受けた一人だった。ワスカラン試登、チンボラソ、アコンカグアなどに登頂しているが、河野たちとは世代も年代も違い、兄貴分のような存在だった。東京農大ではコーチや監督として十三年間、若手ＯＢとともに現役学生の指導に当たり、のちに「早坂組」「早坂一家」などとも呼ばれるほど学生たちの信望を集めていた。私も日本山岳会で早坂と親しく話をする機会が何度もあり、のちに東京農大の重鎮、織内信彦や後輩へのインタビューをたびたびすることになった。早坂の参加も不思議な人の結びつきからだが、ＢＣマネジャーとして参加した矢野順子もまた、のちに河野と結婚するのだから、縁とはほんとうに奇異なものである。

こうして玉田が組織した登山隊に河野が参加し、早坂が加わってルパール壁からナンガ・パルバットを目指すことになった。

そのナンガ・パルバットであるが、玉田、河野、早坂の三人がＣ３上部の六七〇〇メートル付近をルート工作中、アイスブロックが崩壊して河野の顔面を直撃、重傷を負ってしまう。上唇と顎に二十七針縫う大ケガだった。さらに頭部を打ったためか、のちにC1で頭痛に悩まされ、結局、河野のナンガ・パルバット登山は終わる。

「日本に帰って、もう一度出直そう。そこから次の旅も冒険も始まる」

河野は、ナンガ・パルバットの氷河上で「次」の冒険、サハラ砂漠縦断を模索していたとのことで、旅の途中からいつも「次」を意識しながら、夢を育てていくことができる人だった。一度はオーストラリアで資金を稼いでサハラに行こうと決めていた河野だったが、あっさり帰国。結婚を契機に、躊躇なく七年にもおよぶ長い旅に終止符を打ってしまう。それは夫として、のちに父親としての責任感の強さからきているのだろう。家庭を大切にしながらでも冒険を続けていくという覚悟が、すでにこのときできていたと思われる。

一九八七年十月、七年ぶりに帰国した河野は矢野と結婚して東京に住み、植木職人として働きはじめるのであるが、そのきっかけがまた南米での人とのつながりにあった。

安部鉄雄、一九五八年一月、長崎県佐世保生まれで、高校時代から山登りを始め、東海大学海洋学部に入学。河野とまったく同世代である。

大学卒業後、レントゲンのメーカーに就職するが二年ほどで退社。青年海外協力隊の隊員だった友人を頼ってアフリカに渡り、その後は仕事をしたり旅行をしたりしてやがて南米に入り、アコンカグアで河野らと接点をもつようになった。アコンカグアではバリエーション・ルートの南壁から登頂するが、同行した友人を高山病で亡くし、安部もまた凍傷を負って帰国することになる。

私は彼とも、また違うルートで知り合っていた。静岡県沼津市にある沼津かもしか山岳会の加田勝利に紹介されて、安部と何度か山行をともにしたことがある。加田は山と溪谷社の筆者の一人で、とくに南アルプス深南部の沢に精通していた関係で、よく原稿を頼んでいた。信濃俣河内や赤石沢に何度か同行させてもらったことがある。加田は一時期、東海大学海洋学部山岳部の監督だったことがあり、安部はその山岳部の創立時のOBとして、山行や飲み会で私たちはつながっていった。私は加田を通して安部を知り、河野は南米の旅を通して安部を知った。

その安部は、旅行仲間の知人の紹介で植木職人の親方に引き合わされたという。週給による見習いから、やがて親方や先輩に教えられて植木の仕事を始めることになる。剪定《せんてい》や庭作りが主な仕事だが、見よう見まねで覚えた仕事は、次第に親方からも認められて植木職人が楽しくなってくる。そんなときに、河野から声をかけられた。

「どう、植木屋はおもしろいかい」

「仕事だからね。でも体を使うのは好きだから、それなりに楽しいよ」

「それなら俺にも紹介してくれないかな」

植木職人になったころの河野は、子どもができたこともあり、よく働いていたという。彼もこの仕事が性に合っていたのだろう、四～五年は安部と一緒に働いていた。とくに安部や河野には、高い木を切る仕事が回ってきたという。雨も厭わず、高い樹木にロープをかけてすいすい登って剪定するため、親方からも重宝がられたというのだ。河野はカナダのレゾリュートで極地訓練をはじめるようになると、さすがに植木の仕事はできなくなるが、それまでは好んで庭木の仕事についていた。

家庭をもっても植木の仕事が入っても、河野の登山と冒険、徒歩行は続いていた。一九八八年五月には、稚内の宗谷岬から鹿児島の佐多岬まで日本列島三〇〇〇キロを四十八日間で徒歩縦断。また七月には旧ソ連のパミール国際キャンプに参加して、コルジェネフスカヤ峰とコミュニズム峰のふたつの七〇〇〇メートル峰に登頂する。三十歳、ここから河野がほんとうにやりたい旅、冒険へと進んでいくのだった。

サハラ砂漠から北極へ

日中の猛暑もようやく夕方になって少し収まる気配をみせはじめた一九八九年七月二十八日の午後六時半すぎ、私は大急ぎで芝大門にある編集部から青山一丁目に向かっていた。月に一度、アジア会館の会議室で開かれる地平線会議の報告会に参加するためだった。そのころ「地平線通信」という会報に、気になる行動者の報告予告が載ると、月刊誌の編集で多忙な時間をやりくりしながらなるべくその報告会には顔を出すようにしていた。その日は、世界中を七年にわたって自転車で回ってきた河野兵市の報告会だった。

地平線報告会というのは、世界中でユニークな地球体験をしてきた人たちを講師に迎えて、毎月一回その体験を聞こうという有志の集まりで、各大学の山岳部や探検部のOBが中心になって、一九七九年十一月に発足した「地平線会議」がその母体になっていた。代表は元読売新聞記者の江本嘉伸。当時は日本を含め地球上のいたるところで日本人が活動しており、その数は年間の渡航者が三五〇万人を超えるほどだったという。発足がJACCと同時期だということも、この時代を象徴しているかもしれない。

一一七回を迎えたその日の報告会は、世界に出てみたいという一途な思いを「こげつく青春」というキャッチフレーズに込めたバイタリティー溢れる河野の話で、これまでの生い立ちや世界放浪の軌跡が紹介されていた。私は、七年間に一度も帰国することなく、オーストラリアから北米、南米と自転車で回ってきたことよりも、ユーコン河を筏やゴムボートで下ったりマッキンリーやアコンカグアなどの高峰九座に登頂していた冒険行動に興味が湧いていた。さらにナンガ・パルバットを含め破天荒でがむしゃらな旅のやり方にも惹かれていた。

「ぜひもっと詳しく話を聞かせてください」と言ってその日は別れたが、その後河野は『地平線の旅人たち』という本のなかで次のように綴っている。

〈なぜ自転車だけにこだわらずいろんなことをしてきたかといえば、ひとつの偏った見方、考え方をしたくなかったからでした。せっかく広い世界を駆け回るのだから、いろんなことにチャレンジして、そこから学ぶのも日本ではできないことだと思ったのです。なにかをやるからには燃えること、自分の思いより上を目指して焦げつくまでやってみる、ということです〉（『地平線の旅人たち』窓社）

1990年、サハラ砂漠5000キロをリヤカーを引いて縦断する河野兵市。暑さに苦しめられた

一九九〇年十一月から翌年の三月にかけて、河野はアルジェリアからトーゴまでサハラ砂漠五〇〇〇キロをリヤカーを引きながらの単独徒歩縦断に挑戦する。三十二歳、まだまだ体力もチャレンジ精神も旺盛で、熱砂のサハラ砂漠へと突き進んでいくのである。

〈タマンラセットを過ぎる頃、僕の相棒になっているリヤカーに「クスクス・エクスプレス」という名前をつけた。「クスクス」というのは、粒状のパスタに野菜入りのスープをかけるもので、イスラム圏では主食になっている食べ物のこと。オアシスのレストランに行けば、必ずメニューに載っている一品だ。それに、遊び心をプラスして、「エクスプレス（急行便）」と付けた〉（『北極点はブルースカイ』愛媛新聞社）

私には砂漠がどんなところか、正直、なかなか想像ができなかった。ただ砂漠への憧れは、若いころ、人並みにはもっていた。会社勤めを始めてすぐの冬休み、会社の先輩と北アフリカを旅したことがある。正月休みを利用して、モロッコとアルジェリアを二週間ほど、青年海外協力隊の隊員の宿舎を回りながら旅をした楽しい思い出だ。モロッコからアルジェリアに歩いて入国し、ヒッチハイクしながらアルジェに入り、異国情緒豊かなカスバの迷路を彷徨《さまよ》ったりした。そのとき、もう少しでサハラの入り口まで行けたのだが、仕事のため時間切れとなって断念した悔しい思い出がある。少しくらい無理をしてでも行っておけばよかったと、いまでも悔やまれる。
〈見渡すかぎりの砂漠の上を走る一本の道。陽炎《かげろう》が立つ地平線に向かって、その道は真っすぐに、そして時に緩やかなカーブを描いて延びている。僕はその道に沿って、来る日も来る日も歩いて進む。通り過ぎる車は一日に数台しかない。（略）そして、必ず「水はあるのか」と心配してくれる。僕が飲み水用の二リットルのポリタンクを見せると、それがいっぱいになるまで自分たちの水を分けてくれる〉（『北極点はブルースカイ』愛媛新聞社）

過酷な砂漠を縦断する過程で、人々の親切心に心温まる様子が綴られている。行動が厳しいほど、自然が過酷なほど、人には優しくなれるのだろう。

当時、旅人や冒険の世界でバイブルといわれた書籍がある。一九七五年に刊行された上温湯隆《かみおんゆ》の『サハラに死す』という本である。アルジェリアのアルジェからモーリタニアのヌアクショットまでサハラ砂漠を縦断し、さらに横断してスーダンのポートスーダンを目指した冒険家の記録であるが、途中、志半ばでマリのメナカの砂漠で消息を絶ってしまう。上温湯は一九五二年生まれであるから、私より二歳若い。ほぼ同世代の冒険の記録に、私は強い衝撃を受けた記憶がある。冒険を未知への探求といってしまえば当たり前の表現になってしまうかもしれないが、若者だけが持ち得る感受性の豊かさが上温湯の文章の至るところに溢れていた。

初版は時事通信社から、文庫は講談社から出ていたが、すでに絶版になっていた。著作権継承者が不明でなかなか復刊できなかったが、上温湯の姉の所在がわかり、二〇一三年、山と溪谷社からヤマケイ文庫として復刊することができた。旅の本として不朽の名作だけに、いまの若い人たちにもぜひ読んでほしい一冊である。

話が横にそれてしまったが、河野もサハラ砂漠縦断の前に、この本は必ず読んでいたはずである。彼のサハラ砂漠縦断はアルジェからトーゴのロメまで、リヤカーでほぼ一直線に南下したものだったが、渇水によるのどの渇きと猛烈な砂嵐に何度も行く手を阻まれ苦労したという。

〈いつの頃からか、夜は仰向けになってテントから首だけを出し、星空を見て過ごすようになった。果てしなく続く砂漠に、ポツーンと張ったテント。その周り、東西南北あらゆる方角に、地平線ぎりぎりまで星が光っている。（略）暗黒の夜空に美しく輝く星の一つひとつを見つめていると、僕は改めて宇宙の神秘を感じるのだった。「凄い。僕がいる地球も、この雄大な天体の一部なんだ……」〉（『北極点はブルースカイ』愛媛新聞社）

何度かにわたって、河野のサハラでの記述を転載させてもらったが、私にも似たような体験がある。先ほどのアルジェの手前、ウジダという港町の直前で、それこそ無数の星空に包まれたことがある。峠を越えようとしていたのだが、折から乗っていた車がエンジントラブルを起こし、車を押すはめになってしまった。そこで仰ぎみた星空は生涯忘れることがないだろう。一面の漆黒の闇に全天にわたって、それこそ無数の星が天空から地平線まで輝いていた。河野の表現ではないが、あの星空に宇宙の神秘があるのかと、感動しながら見つめた覚えがある。たとえようもないほどの神秘性に、ただただ茫然としながら、天空いっぱいの星を見つめていたのである。

サハラ砂漠から帰って植木職人として仕事に復活したころの河野に、私は何度か会って話をしている。

そのときは東京・千駄ヶ谷の東京都体育館のそばだったと思う。一九九一年四月の過ごしやすい季節を迎えていた。

「渡したいものがあるんです。ちょっと会えますか」

河野のほうから誘いがあった。

「もちろんです。会ったときにでも、サハラの話を聞かせてもらえますか」

河野は一冊の本を持参してきた。先の地平線会議が発行する年報『地平線から』第八巻である。そこには「こげつく青春」と題した河野の手記が掲載され、故郷の瀬戸町から北アメリカ、南アメリカ、そしてナンガ・パルバットまでの彼の旅の半生が綴られていた。

「恥ずかしいんですけど、読んでもらえたらと思って……」

そう言って手渡されたものだ。表紙の裏に「こげつく青春！　河野兵市」とサインされていた。じつはその同じ本に、私も「再発見の旅、バングラデシュ」という旅行記を書いていた。たまたま同じ本だったのだが、私は彼の厚意に甘えて、ありがたく頂戴することにした。

「どこかに行ってみたい、未知の世界を体験してみたい。そんな思いがずっと続いていました。だから水が一滴もない砂漠を歩いていたとき、じゃあ地球でいちばん寒いところはどこだろうって考えたんです。それは北極じゃないかって」

灼熱の砂漠から極寒の北極へ、なにが河野をそこまで駆り立てるのか――。

「河野さんの旅はひとつにくくり切れませんよね。自転車や高所登山、それに長距離歩行、砂漠縦断と続く。これまでの冒険を見ていると、まるで十種競技や異種格闘技を、世界を舞台に一人で闘ってきたようなもんですね」

「でも、いまは違います。一度こうと思うと、じっとしていられない性格で、それがいまは北極です。もう頭のなかは北極でいっぱいなんです」

自転車による世界一周への憧れが、やがて河下りや大陸の長距離徒歩縦断や横断行、高峰登山や砂漠踏破にまで行き着いた。そしてその過程で芽生えた北極への小さな憧れ。それも、いずれは北極点から日本まで歩いて帰ろうという思いを、一九九〇年当時から志向しはじめていたというのだ。生まれ故郷まで歩いて帰る「リーチングホーム」というひと滴《しずく》の夢が、サハラ砂漠の乾いた大地のなかで消えずに膨らんでいく。自分のなかに芽生えた小さなひとつの種を大切に温め育て、肥料をやり、そして少しずつ大きくさせていったのだ。

一方、世界一周の自転車旅行でみせていたあのがむしゃらな強引さは消えていく。これからは生命の危険と紙一重の冒険が始まったわけで、若いころの無茶な行動は陰をひそめ、その一方で、一直線の一途さだけは変わらない。変化の兆しが見えたとすれば、これまでにない慎重さと時間と手間をかけた入念な北極への準備だった。順子の夫として、そして娘と息子の親として、河野はだれよりも家族を大切に思っていた。

ちなみに河野は「地平線報告会」に三度、冒険の報告をしている。一回目が先の「こげつく青春」、二回目が一九九五年の「北磁極単独徒歩」、三回目が一九九八年の「日本人初の北極点単独徒歩到達」だった。冒険のレベルが上がっていくのだった。

北極点単独徒歩到達と「リーチングホーム」

一九九二年二月、河野はアラスカに渡りユーコン河で耐寒訓練、そして九四年三月にはカナダのレゾリュートでさらに極地トレーニングを積み重ね、九五年三月から五月にかけて北磁極まで六〇〇キロを三十五日間で歩き通した。少しずつだが確実に北極でのノウハウを学び、北極点到達への夢をさらに大きく膨らませていったのである。しかし、資金難という大きな壁が立ちふさがっていた。だがそれも「リーチングホーム」に賭ける河野の一途な思いが、松山ですこしずつ実を結んでいく。一九九六年十一月、スノーモービルで北極点に到達したこともある女優の和泉雅子が応援の口火を切ってくれた。「北極点単独徒歩到達」の講演会と記者会見を開いてくれたのだ。遠征隊事務局が松山に設置され、河野が帰省すると必ず顔を出していたアウトドアショップ「コンパス」の代表、三宅英太郎らが中心となって「支援する会」も結成された。広報と資金調達を一手に引き受けてくれ、精力的に活動が始められたのだ。地元・瀬戸町でも、同級生たちが声をかけて、河野のために資金集めに乗り出してくれた。名簿に載っているだけで五〇〇〇人もの人たちがカンパに協力してくれたという。

1995年3月、レゾリュートから北磁極まで単独徒歩到達を達成させた

そして九七年三月四日、カナダ最北端のワードハント島を出発、直線距離にして約七八〇キロを走破し、六十日後の五月二日、ついに北極点に到達する。日本人として初めて、北極点単独徒歩到達に成功したのである。一度は体力消耗と孤独感から北極点到達をあきらめかけたこともあったが、支援者たちの温かい励ましに気を取り直して再挑戦し、到達できた北極点だった。

〈見上げた空は、雲一つない〝ブルースカイだった〟のが、強く心に焼き付いた。僕が歩いてきた真っ白な氷原は、地平線のように大きく弧を描いて続き、その上には、紺碧の空が、どこまでも澄んで広がっていた〉(『北極点はブルースカイ』愛媛新聞社)

ちなみにこの一九九七年春は、河野のほかに日本隊二隊が北極点を目指していた。ロシアのコムソモレツ島から北極点を経由してワードハント島まで北極海単独徒歩横断に成功した大場満郎と、北極点無補給徒歩到達に成功した成田修久《のぶひさ》、宮川敦のポーラフリー隊の三人である。初到達を目指して競っていたわけではないが、河野の北極点到達と大場のそれは、たまたま一日違いの出来事だった。

こうした地元の支援と報道で、河野の「日本人初の北極点単独徒歩到達」は大変な騒ぎになっていた。五月四日付の地元・愛媛新聞朝刊一面では十一段ぶちぬきで「河

1997年5月2日、780キロを走破して北極点単独徒歩到達に成功する

野さん北極点到達」を報じ、在京の新聞各社も競うように大きく報道していた。五月八日の夕方、私も、当時の総理大臣・橋本龍太郎から祝電が届いたことをよく覚えている。橋本とは山の関係で何度か酒席を供にすることがあったが、まさか「内閣総理大臣」の名で編集部に電報が届くとは思ってもみなかった。それほど周囲は大きな騒ぎになっていた。

〈この旅にはふたつの意味が込められている。ひとつは、旅人である僕が最終的に生まれ故郷に帰っていくということ。もうひとつは、自然のなかで人間らしく生活することのすばらしさを行く先々で訴えたいということだ〉（『山と溪谷』一九九七年八月号）

帰国の大騒動からひと息ついた六月上旬、私は河野に「僕が北極点に運んだもの」という原稿を依頼していた。その一節で、こんどはみんなで一緒に旅をしたいと強調していた。

六年という歳月をかけて「生まれ故郷に帰ろう」という「リーチングホーム」。歩くことはだれにでもできる。だから「この旅に一歩でも参加してくれるなら、北極点からの道のりを歩いたことにしよう」という、河野の感謝の気持ちが込められていた。北極点からワードハント島まで逆回りで南下、島の海岸沿いにカナダに上陸して北極

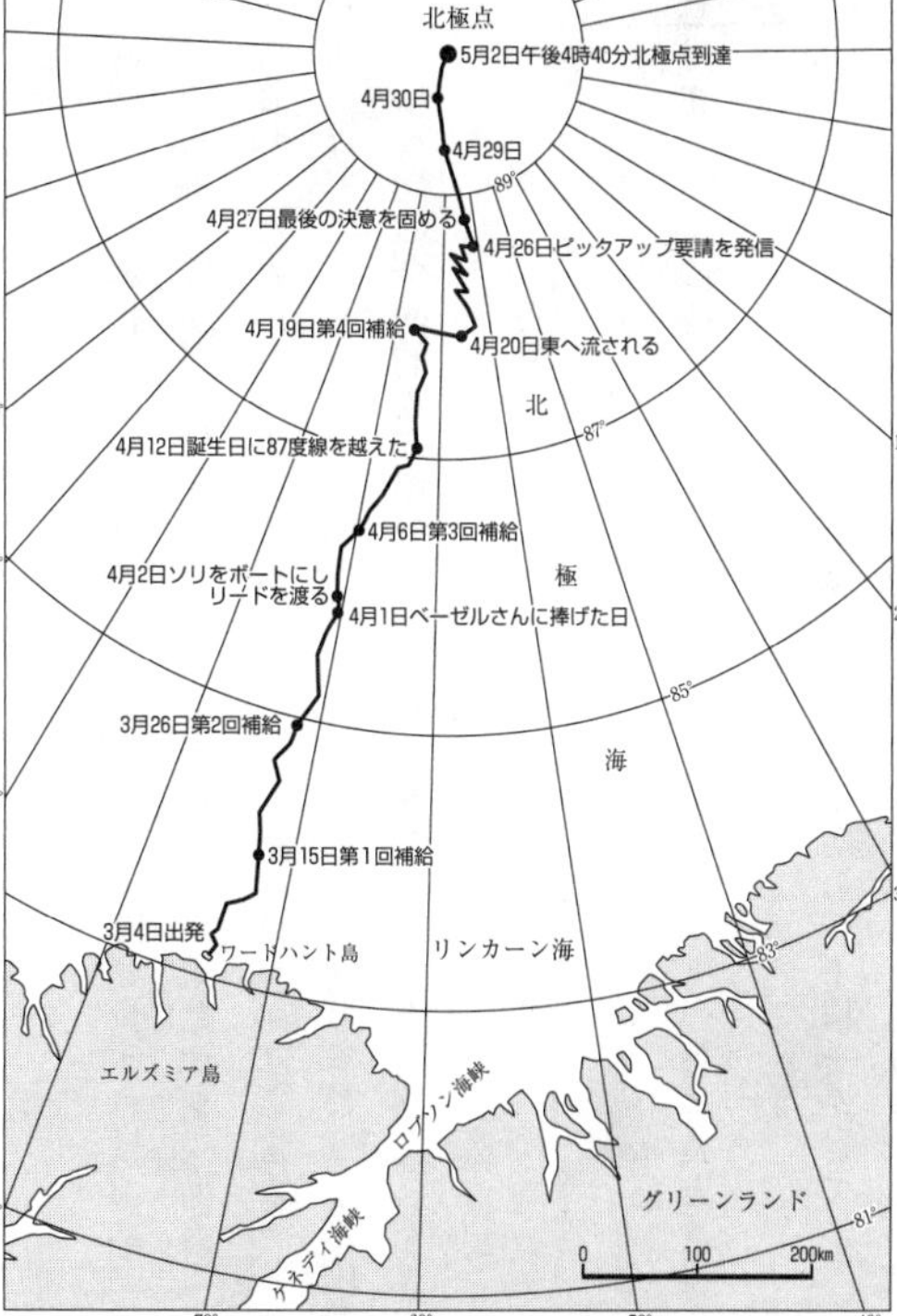
北極点
5月2日午後4時40分北極点到達
4月30日
4月29日
89°
4月27日最後の決意を固める
4月26日ピックアップ要請を発信
4月19日第4回補給
4月20日東へ流される
北
110°
4月12日誕生日に87度線を越えた
87°
10°
4月6日第3回補給
100°
4月2日ソリをボートにし
リードを渡る
極
4月1日ベーゼルさんに捧げた日
20°
85°
3月26日第2回補給
海
90°
3月15日第1回補給
30°
3月4日出発
ワードハント島
リンカーン海
83°
エルズミア島
ロブソン海峡
グリーンランド
80°
ケネディ海峡
81°
0
100
200km
70°
60°
50°
40°

『北極点はブルースカイ』から

海沿岸に沿ってアラスカに入り、ベーリング海峡をロシアに渡り、さらにオホーツク海沿いにサハリン、そして稚内に上陸し、生まれ故郷の愛媛・瀬戸町を目指すという壮大な計画だった。

問題は北極圏での結氷状態だが、ワードハント島に上陸さえすれば、あとはほぼ陸上を歩くだけである。危険が予想されるのは、プレッシャーリッジ（海流によって突然起こる氷の隆起）などの乱氷帯の通過とリード（氷のさけめ）の広がり、そして猛烈なブリザードなどであろうか。しかし、河野はこれまで何度もこうした困難を克服してきたし、事務局の全面的な支援態勢も整ってきたところだった。

＊

「当時の私はまったくの駆け出しで、北極圏のレゾリュートへ行ったときはまだ二十三歳でした」

そう二〇〇一年を振り返るのは、南極大陸の海岸から五十日をかけて二〇一八年一月六日、日本人として初めて南極点の無補給単独徒歩到達に成功したばかりの荻田泰《やす》永《なが》である。

2001年のリーチングホームのためのトレーニングをする河野兵市

荻田は〇一年三月、手探りで北極圏冒険の計画を抱えて一人レゾリュートにやってきた。そこで出会ったのが河野で、「リーチングホーム」をまさにスタートさせようとしていた時期だった。

荻田にとって河野は、北極圏での冒険行動の大先輩である。狭い宿に寝泊まりしながら、いつしか荻田も河野のサポートスタッフの一員のようになって準備を手伝っていた。まだ冒険歴が浅いため、河野の準備を横で観察しながらすべてを学ぼうとしていた。そこで河野の準備から出発までの約三週間、偶然、さまざま場面に立ち会うことになったのである。

「ただ河野さんは、これからはじめる長い旅への興奮や期待というよりも、やらなければいけない課題、作業を淡々と進めているといった印象がありました。なんだか挑戦する前から、すでに燃料切れのような状態だったのが気になりました」

二〇〇一年三月二十六日、河野は北極圏から「リーチングホーム」の第一歩を踏み出す。

しかしその五日後には、「緊急補給」をベースキャンプに発信してきた。連日マイナス五〇度前後という猛烈な寒さのため、河野は鼻と両手足にひどい凍傷を負ってしまったのだ。

ＢＣで治療を受け、こんどこそ満を持して四月二十日、再度のスタートを切った。その後は順調に南下を続けたが、五月十六日、突然、「北緯八三度五六分、西経七四度五五分」という位置情報と、「リードが渡れない」という緊急メッセージを残して忽然と消息を絶ってしまった。

今回の旅は、北極点へ北上するのが目的ではなく、北極圏から南下するのが目的である。地球の温暖化の調査を冒険のテーマのひとつに上げていたが、身をもってそれを立証するという皮肉な結末となってしまった。

カナダのワードハント島沖、約八〇キロの北極海の氷上でソリは発見された。遺体とソリはロープで結ばれたまま、氷の裂け目、リードに落ちてしまったと思われる。すでに六九六キロを走破、ワードハント島まであとわずか八四キロを残すのみだった。

支援の輪は、地元・松山と瀬戸町を中心にして大きく広がっていた。その思いに一生懸命応えようとする河野がいた。その一途な姿を見て、人々はますます応援したくなる。そしてその期待にさらに応えようとする河野――。しかし、心の深層には、彼らの好意が負担に感じる河野がいたはずだ。善意と負担の繰り返し、その連鎖――。河野は、疲れ切った表情を見せることもあったという。

そのすべての思いを、氷が緩んだ北極のリードが飲み込んでしまった。

ミカン畑の続く半島

河野の事故からちょうど十六年、地元松山では愛媛県生涯学習センターと愛媛県教育委員会が主催して、「愛媛の探検家・冒険家たち」という企画展が開催されていた。夏休みに合わせた二〇一七年七月十五日から八月三十一日までの一カ月半、愛媛人物博物館三階の企画展示室が会場だった。

道後温泉や松山城など松山の主要観光地から車で約三十分ほど、総合運動公園や動物園などが隣接する郊外の山の上に、市街を見下ろすようにして生涯学習センターが建っていた。「愛媛の探検家・冒険家たち」というのは、アラスカの開拓に尽くした犬ゾリ使いの名手・和田重次郎と、日本各地の洞窟を調査した洞窟探検のパイオニア・山内浩、そして北極点単独徒歩到達を達成した冒険家・河野兵市の三人を顕彰する企画だった。河野のコーナーは年代とテーマごとにその業績が展示されているが、まず目を引くのが世界を巡った自転車、そして北極圏で使用されたソリとテント、サハラで使用されたリヤカーなどの大型の装備類だった。かさばるものばかり、よく元のままの状態で保存されていたと感心させられた。地元の川之浜小学校の児童から河野に送られた激励のファクスなども展示され、十六年の時の経過に感慨深いものがあった。

ちょうど同じ建物の研修室で、「愛媛で生まれた冒険家の絆――河野兵市の終わらない旅と夢」と題した、妻の順子の講演会が開かれていた。順子が来松するのも久しぶりのことだという。台風のため一度延期されたが、八月二十九日のその日は天気もよく、六十人ほどが入れる会場はほぼ満員の盛況で、十時半から順子の講演会が始まった。

「まずテレビの映像から見てください。南海放送で全国放映されたもので、家族と一緒に稚内から瀬戸町まで歩いた私のリーチングホームの記録です」

順子は、河野が企画した北極点から瀬戸町まで一万五〇〇〇キロを歩いたり、シーカヤックを漕いだりして故郷に帰る「リーチングホーム」の試みを、その遺志を継いで実行に移そうと計画していた。映像には、サハリンのユジノサハリンスクから稚内まで一日二五キロ歩くことを目標に、リヤカーを引きながら息子の遼兵と歩く姿が映っていた。一人の賛同者とともに、近くの公園でキャンプしながら歩く順子。

「河野が果たせなかった思いを、なんとか家族で共有したかったんです。息子は小学三年生、はじめは愚図ることもあったんですが、最後はしっかり歩いてくれました。河野は冒険から帰ってくると、子どもたちとしっかり遊んでくれたとてもいい父親でしたから、きっと思いは通じているのでしょうね」

河野亡きあと、順子は女手ひとつで子どもたちを育ててきた。結婚前の約十年、テレビや舞台でヘアメイクの仕事をしてきた順子だったが、生活の基盤だけはしっかりさせようとビルの管理会社に就職。会社勤めの仕事と子どもたちの養育をこれまでにも増して励んできたという。

「私は河野が亡くなったとき、三つのことをやろうと決めました。出版社を探して本を出すこと、河野のリーチングホームを継続、完結させること、占いと心理学の勉強をはじめてカルチャーセンターで教えることの三点です」

実際、本の企画書を出しても通らずにボツになるばかりだったものを、知人の編集者に頼んで出版社を紹介してもらい、出版にまでこぎつけている。それが『絆――河野兵市の終わらない旅と夢』（河出書房新社）という本で、河野との半生が綴られたものだ。そして占いの仕事も資格をとって軌道に乗せ、横浜の中華街で店を開くまでになっている。さらにリーチングホームの旅である。

今回の旅は、その仕事と家庭の合間を縫って旅の日程をやりくりしたもので、順子の旅は九回に分けて歩くことになったが、合計で三四〇キロを歩き通している。二〇〇三年の十月十三日、瀬戸町の「道の駅瀬戸農業公園」にある「河野兵市リーチングホーム」記念碑に到達したのだ。

その「河野兵市リーチングホーム」記念碑は、「道の駅瀬戸農業公園」の建物の裏手、海の見える駐車場の奥にあった。高さ一メートルほど、石造りのしっかりした記念碑は、碑盤に「REACHING HOME　FROM NORTH POLE TO JAPAN 15,000」の文字と、極点から見た北極圏の地図が彫られたしゃれたデザイン。手前には、河野の足型と「冒険家　河野兵市」と彫られた石板があった。

「目標さえ立てれば、つらいことも大変なこともきっと克服できるはずです。兵市さんが体現した挑戦することの大切さを、子どもたちもきちんと理解してくれています」

順子の表情からは、自分なりにやりとげた達成感が表れていた。

＊

その日は松山から国道三七八号線を走り、海岸沿いに八幡浜市に向かうルートを選んだ。山を通るルートもあるのだが、やはり海岸の眺めのいいルートを走ることにした。二〇一七年八月三十日と三十一日の二日間、私は、河野兵市の生まれ故郷である愛媛県の佐田岬半島を訪ねることにした。

まず河野の生まれ故郷、川之浜に近い瀬戸支所を訪ね、佐田岬半島の概観を知るところから始めた。佐田岬半島にゆかりの人、とくに伊方町生涯学習センターの高嶋賢二からは貴重な話を聞くことができた。

佐田岬半島は、すべてにおいて自然である海が生活に影響を与えていた。先にも述べたように、それは、佐田岬半島が爪楊枝のような細長い形をしていることに起因している。そのため周囲はすべて海に囲まれて、海岸線が一八〇キロもあるというのだ。だから北に瀬戸内海の伊予灘、南に宇和海、西に豊予海峡に囲まれた海の半島である。ら八幡浜の地域も含めて少し前、昭和の終わりころまでは渡海船《とかい》があったという。つまり基本的には船舶によって、海を通じて住民の交流が図られていたことになる。たとえ地理的に集落の距離が近くとも、船やその航路がなければ、山を越えては行けないほど意識的に遠い存在だった。それだけに海を通しての人の行き来や物資の交流も盛んだったという歴史があり、海目線でないと人々の暮らしは見えてこないのだという。

道の駅瀬戸農業公園にある「河野兵市リーチングホーム」の記念碑

さらに海の影響という点では、風の強さも特徴として上げられる。集落では風よけの石垣が至るところで見られるし、風車が多いことにも気がつくであろう。「風の丘パーク」と呼ばれる公園施設が三カ所もある。風を克服できた集落が、安定した生活基盤を得られるということだ。

「このあたりで『山へ行く』というのは、畑へ行くことでした。ミカンの段々畑が山全体に広がっていたのですが、最近は残念ですが休耕地も増えてきましたね」（高嶋学芸員）

冬になれば、半島一面が黄色く色づいていたというが、高齢化によって農家の跡取りが減っているため畑が荒れはじめたという。河野の家もまさにそうで、二〇一七年からミカン畑をやめてしまった。少子高齢化の波はとどまることを知らず、二〇〇五年、伊方町と瀬戸町が合併した際には一万二〇〇〇人いた住民が、現在では一万人を切っているという。ミカン畑とシラスを中心にした漁業が産業の中心だったが、若い人の都会への流出に歯止めがかからないのだ。

大峠トンネルを出て、「道の駅伊方きらら館」の手前を右に入ると、風光明媚な伊予灘の海を前面にして、白い大きな建物が建っている。伊方原発である。ここは四国で唯一の原子力発電所で、ビジターハウス、広報センターなどがあり、積極的にその

佐田岬半島の先端にある白亜の灯台と豊予海峡。広々とした光景が眼前にあった

安全性を訴えているところだという。地元住民の理解がなによりも重要だというが、福島で実際に被害が出ているため、一筋縄では済まない問題を抱えているものまた事実である。

先ほども海目線の話をしたが、瀬戸町の住民は松山へ行くより、九州・大分へ行ったほうが早い。そのため思いはいつも外へ、海へとつながっていた。もとより「進取の気性」が、気持ちの根底に備わっているというのだ。常識にとらわれず、新しいものに挑戦する気質がもともとあったという。挑戦する心という点では、河野兵市は川之浜の出身であり、青色発光ダイオードを発明したノーベル物理学賞受賞者の中村修二は伊方町の出身だったという。外に出る精神が、佐田岬半島の自然のなかで養われたということであろうか。

＊

佐田岬半島のちょうど中間点よりやや三崎寄りに、川之浜という宇和海に面した小さな集落がある。佐田岬メロディーラインから一気に山を下りていくと、海岸沿いの通りに出る。そこで「河野さんのお母さんが住んでいる家を知っていますか」と尋ねると、「そこなら親戚が住んどる家じゃ、案内するから付いてきんしゃい」と、軽トラックのおじいさんが親切に案内してくれた。ミカン畑に寄り添うようにして建つ何軒かの集落の一軒が、河野の母・恵美子の住む家だった。直接、連絡はしていなかったが、東京から来た河野の知人だと自己紹介すると、快く迎え入れてくれた。

「それはそれはよう来なさった。あの子は嫌みのない、素直な子でしたなあ」

昭和六年生まれの八十七歳、足が少し悪くなって、あまり出歩かなくなったというが、気持ちはしっかりしていた。縁側に椅子を出して座り、目を細めるようにしながら問わず語りに河野の話をしてくれた。

「仕事はようするし、いらんことを言わん。そりゃ、力《りき》のある子で、山へ行ってミカン採ってもな、私らひとつ採ったら、大きな箱（二〇キロ）三つ、採ってきよった。それを軽う運びよる」

「畑は、右手の道を上がった四キロ先のとこやった。遠いですぜ。リヤカー引いて、大変でしたな。一時間はかかりますな。行くだけでも疲れてしまいます。きれいな段々畑だったけど、一人じゃ、よう仕切られんけん、今年からミカン畑やめました」

松山弁の方言が強くて何度か聞きかえすことがあったが、恵美子の我が子を思う気持ちはひしひしと伝わってきた。

「兵くんが世界を回っとるときは、『元気におれよ、はよ、戻れよ』と、いつも独り言、言うとりました。でもちょいちょい、手紙くれたもんで、淋しいいうことはなかったです。気持ちの優しい子でした」

「男の子やけんなあ、あれやこれや言わんけど、やんちゃがましいこともケンカもせんし、性格はあまりおとなしいこともないけど、しっかりしておりましたね」

「器量よしで、健康な子でした。勉強もようするし、ひとつも世話焼かさん子でなあ。そやけん、『兵くん、兵くん』言うて、可愛がりました」

河野が亡くなったとき、恵美子は一生に一度の海外、カナダのバンクーバーまで迎えにいったという。初めて乗る飛行機が、息子の死に立ち会わなくてはならないときだった。

「カナダまで連れてってもろうて、『兵くん、兵くん』言うて、頭をなでてやった。元気に戻ってくると思うたがね。『命知らずのバカたれが』って、腹立ちました」

恵美子はどこかで飄々としたところがあるおばあさんだ。年月の経過が、彼女をそうさせたのか、息子の里帰りを待ち疲れた母親が最後にこうつぶやいた。

「いつも洗濯するとき、『兵くんよ、この空の向こうのどこやらに、あんた、おるの。元気にいてくれよー』と話すんです。ま、その子の運命ですわな」

河野はかつて「脱藩」という言葉をよく使っていた。一度は故郷を捨て、故郷・瀬戸町を省みることなく、外の世界で自由を謳歌していたこともある。しかし、そんなときにあっても、河野の優しさは、親への思慕の情となって変わることはなかった。そしてそれは妻に対しても、子どもたちに対しても同じだった。

私は、母親の恵美子に礼を言って辞去し、川之浜の海岸まで下りてみた。相変わらず空は広く、青く、静かだった。河野は、あの母親のもとで、ミカン畑が続く山と広い海で育ったのだ。彼女は何度も「素直ないい子だった」と言っていた。

河野兵市年譜

1958年	0歳	4月12日、愛媛県西宇和郡瀬戸町川之浜で生まれる。
1974年	16歳	4月、愛媛県立三崎高校入学。片道17キロを自転車通学し、サッカー部に所属。
1978年	20歳	各地でアルバイトをしながら、1年3カ月をかけて自転車で1万6000キロ日本一周。
1979年	21歳	大阪で1年間、建設作業員や大工のアルバイトをして280万円貯める。
1980年	22歳	自転車で世界一周を目指して、大阪を出発。
1981年	23歳	2月、世界への旅に出発。台湾から香港、オーストラリアへ。働きながら、自転車でオーストラリアを半周。
1982年	24歳	アラスカへ渡り、ユーコン川を筏とゴムボートで2000キロ下る。カナダを横断して、ニューヨークへ。
1983年	25歳	7月、アラスカのマッキンリー登頂。8月から180日でロサンゼルスからニューヨークまで徒歩横断。
1985年	27歳	5月、シアトルから南米へ自転車で出発。メキシコ、エクアドルの4000メートルから6000メートル級の山に登頂。
1986年	28歳	1月、アルゼンチンのアコンカグアに登頂。3月、パタゴニアを徒歩縦断。9月から翌年3月まで、自転車で南米大陸1万キロを縦断、走破。
1987年	29歳	5月から6月にかけて、ペルーのアンデス山脈で氷壁登攀のトレーニング。9月3日、パキスタンのナンガ・パルバット6700メートル付近で氷塊を受けて負傷。7年ぶりに帰国。
1988年	30歳	4月、矢野順子と結婚。6月、日本列島3000キロを48日間で徒歩縦断。7月、旧ソ連・パミールの7000メートル峰2峰に登頂。造園業で働きはじめる。
1990年	32歳	11月から翌年の3月にかけて、サハラ砂漠5000キロを129日間かけてリヤカーを引いて縦断。
1992年	34歳	2月から3月、アラスカ・ユーコン川で極地トレーニング。
1995年	37歳	3月から5月、レゾリュートから北磁極まで単独徒歩到達。
1997年	39歳	3月から5月、カナダ最北端のワードハント島から60日かけて、日本人初の北極点単独徒歩到達。
1999年	41歳	7月、沖縄から松山まで1300キロをシーカヤックで漕破。
2000年	42歳	3月、北極圏グリスフィヨルドからレゾリュートまで500キロを単独徒歩遠征。
2001年	43歳	3月26日、北極点から1万5000キロの旅「リーチングホーム」出発。5月17日、696キロ行った地点で遭難。

小西政継

優しさの代償

小西政継（こにし・まさつぐ　1938年～96年）

東京都千代田区生まれ。登山家。職場の先輩に誘われて登山を始め、山学同志会に入会後、64年チーフリーダーとして会を牽引。67年マッターホルン北壁冬季第3登。以後、ジャヌー北壁、カンチェンジュンガ北壁、チョゴリ北稜などに無酸素で登頂を成功させる。10年のブランクの後、マナスル登頂後遭難。

「鉄の集団」山学同志会

〈僕が本格的に山に登りだした二〇歳前後のときに、世界の最先端の登山をしていたのは、フランス人たちでした。ちょうどそのころ、八〇〇〇㍍峰の初登頂が一段落して、よりむずかしい山へ行こうという流れが生まれて、六二年、フランス隊のテレイたちのジャヌー初登頂があって、そのへんがこの時代の世界の最先端です〉

〈もはや酸素を使って八〇〇〇㍍峰の一般ルートを登ることはなんの意味もないという答えが出ていまして、高度よりも、よりむずかしい登攀に価値があると。そういう部分に僕なんかはすごく共鳴しまして、そのとおりだと〉(『山と溪谷』一九九三年十一月号)

小西政継にインタビューしたそのときの光景は、いまでも鮮明に目に浮かぶ。一九九三年九月十一日、『山と溪谷』十一月号で「現代の登山家九人」という特集の取材のために、カメラマンの宇佐美栄一と編集部の宮崎英樹を連れて、小西を高麗《こま》に訪ねたときのことである。

西武池袋線高麗駅にほど近いレストランの屋外テーブルに、私たちは席をとった。

曇ってはいたが、夏の暑い盛りも過ぎて秋の気配すら漂う過ごしやすい季節だった。取材の前に食事でもと誘われ、土曜日の昼下がりということもあって、ビールを飲みながら久しぶりにゆっくりと話ができた。アルコールの心地よい酔いもあったのだろう、開放的でくつろいだ雰囲気のなかで話は進められた。

インタビューで小西政継は、当時の登山界を展望して、思いの丈を話してくれた。自分たちが目指してきた登山が、冬のアルプスからヒマラヤのバリエーションへ、世界の最先端といわれた登山と比肩しても劣らないという自負をもっていた。

その後、事務所のあるクリエイター9000に場所を移し、二時間ほどインタビューは続けられた。ちょうどその号は創刊七〇〇号の記念号ということで、カラーと本文ページ五十四ページを使った力の入った特別号となった。登山家といわれた九人にスポットを当て、それぞれにキーワードを設定して、切り口にバラエティーをもたせるようにした。小西にのインタビューは「独白」という切り口で、のちに四ページの記事となって特集に掲載された。

〈僕はこれまで自分が最先端だなんて思ったことは一度もありません。世界の最先端はつねにたくさんいました。僕はそのトップの人たちに少しでも追いつき、次の世代の若い後輩たちに引きついでもらいたい、またいつの日か、日本人のだれかが世界の

トップに立てたらいいなあ、と思い続けてきました〉

小西が山にすべてを注ぎ込んでいたころの半生、とくに山学同志会を一流の社会人山岳会として育て後輩にあとを託した思いから、同志会にとどまらず、世界を舞台に活躍したころまでを中心に語ってもらった。それは貴重なインタビューとして、長く私の記憶に残っている。小西にとって、あれだけきちんと整理して自らの登山を振り返ったことはなかったのではないかと思う。

私は今回、雑誌に掲載された記事だけでなく、残されていた録音テープをもう一度、聞き直してみた。そこには、かつて後輩たちを厳しく鍛えて山学同志会を再建させたときの逸話や、アルプスやヒマラヤの高所登山の話が録音されていた。小西のあの懐かしい声とともに、当時のエピソードが鮮やかによみがえってくる。そして記事は、適度な分量にうまく編集されていた。小西の登山に対する考え方が半生記として表現されているので、やや長くなるが引用してみたい。

〈いきなり冬を狙ってね。夏を飛び越えていきなり冬のマッターホルンに行くにあたっては、とうぜん勝算はありました。夏のマッターホルンを登った日本人の山歴を読みこなして、今度はそれに自分の登った記録をはめこんでみる〉

〈マッターホルンを登ったあとに強く感じたのは、日本と世界のレベルの格差。ある程度、底上げしないと、この差はいくらたっても縮まらないんです。一般ルートから八〇〇〇メートル峰をいくつ登っても追いつかないんですね〉

冬のアルプスからヒマラヤのジャヌー北壁へ、さらに酸素の希薄な高峰への挑戦が続く。隊長、そしてオーガナイザーとして、カンチェンジュンガ北壁と未踏のチョゴリ（K２）北稜を無酸素で登頂させ、世界最高峰のエベレストも日本人として初めての無酸素登頂を成功させる。その過程を「独白」したあとに、さらに最後をこう結ぶのだった。

〈今でもときどき考えることがあるんですよ。冬のバリエーションを無酸素でいっちょうやろうかってね。だけど冷静になって計算すると、いまの自分には不可能だって、答えがすぐに出ちゃう。気持ちはありますよ、まだ。カッカする。行きてえと〉（すべて『山と溪谷』一九九三年十一月号）

小西の事務所には、全倍に伸ばされた「怪峰」ジャヌーの写真が白い壁に飾られていた。小西の「独白」の内容と、異彩を放つジャヌーの写真が妙に符合して、強く印象に残っている。

小西は一九三八年、東京・飯田橋に生まれた。満三歳のときに日本は太平洋戦争に突入し、やがて熊谷に疎開させられるのだが、幼少期については多くを語りたがらなかったという。酒好きの父親が病に亡くなり、母親の負担を少しでも軽くしようと、高校進学をあきらめて細川活版所という印刷会社に就職する。戦後の復興からまだ立ち直れず、社会全体が貧しさのなかにあった時代だ。どこか満たされない思いのなかで日常の日々を送っていたことだろう。そんなとき、同じ職場にいた山岳部の部長に連れていかれたのが奥多摩の川苔山だった。当初、山にはなんの興味も抱かなかった小西だが、その先輩に連れられて丹沢の沢歩きを何度か経験するうちに、やがて谷川岳の西黒尾根に誘われ、頂上からの下山後、一ノ倉沢を望むことになる。そのあまりの光景に、小西は愕然とした。

〈頂上で眺めた白銀の上越の山々も美しかったが、帰路、一ノ倉沢の大岩壁を見上げたときの方が強烈に印象に残っている。恐ろしく凄い岩壁だった。こんな切立った大絶壁を人間が登るなんて、想像もつかなかった〉（『凍てる岩壁に魅せられて』毎日新聞社）

小西はすぐにでも登りたいと思ったが、会社の山岳部では無理なことは明らかで、社会人山岳会に入って初歩から岩登りを学ぼうと考えた。

彼の山の半生は、山学同志会を抜きにしては語れない。山岳雑誌の新人募集の広告を見て、「男子のみ」という言葉に引かれただけというが、山学同志会に入会したことでその後の人生が大きく変わったことは間違いないだろう。一九五七年、小西弱冠十八歳、同志会の五期生だった。

翌年三月の八ヶ岳集中登山に参加。赤岳東壁センターリッジを登り先輩たちの注目を浴びる。それからの小西は、なにかに憑かれたように精力的に山に登りはじめる。谷川岳一ノ倉沢滝沢第一スラブ第三登、一ノ倉沢衝立岩北稜を冬季初登、そして北アルプス不帰東面Ⅲ峰B尾根の登攀リーダーに抜擢され、積雪期第二登を果たすなど数々の記録を残している。当時のトレーニングも凄まじく、早朝の三時半からのランニングを欠かさず、山行では荷物も人一倍背負って体力増強に励んでいた。若く実力も備えてきた小西は登攀への意欲も十分だった。

＊

小西は二回、長期にわたる入院生活を強いられている。一九六〇年と七一年、長い入院だったが、ともに病を克服し、さらにその後に大きな飛躍を遂げている。入院・加療中であっても、不屈の意志が感じられていかにも小西らしい。

おりしも日本は一九六〇年の安保闘争を乗り越えて、高度経済成長へ一気に突き進んだ時代だった。なかでも六四年の海外渡航の自由化と、東京オリンピックの開催、東海道新幹線の開通など、時代そのものが高揚期に入っていた。

しかし、そんなさなかの一九六〇年十一月、胃に激痛がはしり入院することになる。十二指腸潰瘍だった。さらに翌年、ヘルニアを患い、山へ行けない時期が続いた。なにが幸運となるかわからないが、この山へ行けない数年が、小西にとってはまさに雌伏の時となった。

〈そのとき、やることがないから、山の本をたくさん読みました。当時の日本登山界のレベルは三流、四流で、とてもじゃないけど世界のレベルに追いつけない。どうせ読むなら世界の第一線の人たちの本を読んだほうがいい。だから、外国人の書いた本ばっかり読んでいました〉（『山と溪谷』一九九七年十一月号）

ジョン・ハントの『エベレスト登頂』、J・ランギュパンの『もしかある日』、アルディート・デジオの『K2登頂』、ヘルマン・ブールの『八〇〇〇メートルの上と下』、リオネル・テレイの『無償の征服者』、ギド・マニョーヌの『ドリュ西壁』、そしてハインリッヒ・ハラーの『チベットの七年』などなど、むさぼるように読みふけった。邦訳のない原書は辞書を引き引き読んだという。こうしたヒマラヤやアルプスの登攀記は、小西を遙かなるチベットやバルトロ氷河の高峰へ、夢のような世界へと導いてくれたのだ。彼らの目標は、困難な登攀がすべてに優先する「より高く、より困難性を追求する」アルピニズムそのものだった。だからこそ「より困難な山へ」という一点で、小西の山に向かう姿勢は確固としたものになり、発想が次から次へと広がっていくのだった。

当時の日本は、海外渡航が自由化されたこともあって、やっと夏のアルプスのクラシックルートが注目されはじめたころである。それも日本アルプスで冬のバリエーションルートの洗礼を受け、それができて初めて本場アルプスの壁を登りにいくというのが「順番」だった。

しかし療養中の小西は、ヒマラヤのアマ・ダブラム、それも未踏の北稜に狙いを絞って、一九六六年実行の計画を立てていた。七〇〇〇メートル級とはいえ、一気にヒマラヤのバリエーション・ルートから挑もうというのである。しかし、その計画は、同行予定の隊員が冬の甲斐駒ヶ岳赤石沢奥壁で遭難死して頓挫してしまう。それに代わって出てきた計画が、マッターホルン北壁の冬季登頂というものだった。

私はまだ山と溪谷社に入ったばかりで、当時の小西をほとんど知らなかった。だから小西が、山学同志会を厳しい規律のもとに一流のクライマー集団に育て上げた経緯もほんとうのところはわからない。斎藤一男や坂口伊助といった創立会員が築き上げた伝統を、さらに第一級のクライマー集団に育て上げた顚末については直接は見聞きしていない。しかし、山の月刊誌の編集部に籍を置いていたため、山学同志会がどういう集団で、小西がいかに統率力を発揮していたかという話は日常的に入ってきていた。編集部で聞いた話であろうが、その「鉄の集団」といわれた凄まじさは容易に想像できた。

「ほかの山岳会員とザイルを組んだら、即刻クビだ」

「獲得点数に満たなければ、いつまでたっても正会員にはさせない」

点数制とは正会員認定基準を新たに設けたことを指すのだが、小西は一九六四年十二月、山学同志会のチーフリーダーとなって、いよいよ改革に着手する。

彼は、山学同志会を体力的にも技術的にも精神的にも優れた、先鋭的な岩登り集団に育てあげることを目標においた。まず制度を改めることから手をつけた。元代表の斎藤一男が考案した単位制をさらに一歩進めて点数制とし、準会員は一五〇点以上の点を上げないと正会員になれないというものだ。講習会や合宿などの参加によって点が加算され、冬山技術講習会や長期の連続登攀などは高得点が得られるシステムだった。

そして、自分自身の体力回復を待って、「岩を登りたい」という溢れるばかりの情熱を決行に移す時がきた。一九六五年三月、小西たち六人の同志会会員は、谷川岳滝沢リッジの登攀を計画する。病み上がりの身でありながら、長くて困難な雪壁を小西は常にトップを譲ることなく登り切ってしまう。山のリーダーには「体力、技術、知識、経験」などすべての点で仲間より優れている必要があるのだろうが、それを身をもって示した小西の登攀だった。

〈僕は同志会を後退するような方向に持っていこうとする、発展性のこれっぽっちもない会員と厳しく対決した。山学同志会とは、より高く、より困難を追求してゆく尖鋭的なアルピニストの集団であると信じて、僕は活動してきたつもりである〉（『マッターホルン北壁』山と溪谷社）

こうした厳しい試練によって、若い後継者たちが育っていく。遠藤二郎、星野隆男、深田良一、小川信之、今野和義、川村晴一、坂下直枝、鈴木昇己など、あげていけば切りがないほどの人材が、小西のもとで育ってきたのである。

リーダーの資質、とくに登山界でリーダーたらんとする者には、常に発想とそれを牽引していく力、トップに立って切り拓いていく実力が必要だと思う。小西にそれができたのは、人知れず努力して鍛えあげてきたトレーニングのたまものであろう。当時の小西の日程は次のようなものだった。細川活版所からの帰宅が夕方の五時、七時には夕食をすませ、八時には寝てしまう。そして翌朝三時半に起床すると、短パンとランニングシャツで約二時間、夜明け前の都心を走るというものだった。真冬でも一年を通して変わらなかったという。そうして鍛えたからこそ身についた体力に自信があったのだろう。常にトップに立ちつづけるために、それだけの努力を惜しまなかったのだ。

不撓不屈の精神

小西には、自らクライマーとして登頂に意欲を燃やしていた時期と、オーガナイザーとして登山隊を組織し、どちらかというと自らの登頂よりも、隊員を登頂させることに力を注いでいた時期がある。クライマーとしての小西には、山学同志会の仲間を海外の山へ牽引していこうという強い思いがあった。

そこでマッターホルンであるが、バリエーション・ルートの北壁から、それも夏を飛び越えて冬に狙いを絞るなど、いかにも小西らしい。一九六七年二月、小西は山学同志会の後輩、遠藤二郎、星野隆男と冬のマッターホルン北壁を目指す。二月四日、ヘルンリ小屋から取り付き、七日、四四七八メートルの頂上に到達するまで、まさに気の抜けない登攀が続いた。とくに初めてのビバークの晩、小西は不覚にもアイゼンを落としてしまう。マッターホルンの、それも冬の蒼氷の北壁にアイゼンなしで小西は挑む。通常ではまったく考えられないことだが、精神の集中と、登れるという強靭な意志のもとに小西は挑み、実際に登頂してしまうのだ。マッターホルン北壁冬季第三登、世界レベルにやっと手が届いたことになる。

こうして小西はこのマッターホルンの登頂で、冬季第三登というこのうえない栄誉を得たのだが、のちに『マッターホルン北壁』という登頂記を著し、初めての著書も手に入れることになった。現在は「ヤマケイ文庫」として刊行されているが、私の手元には忘れがたい一冊の『マッターホルン北壁』がある。一九六八年初版発行の第四刷りのもので、A4変形判、角背上製の箱入りという、とても手の凝ったつくりになっている。巻頭にはカラーの口絵がつき、さらに本のなかには北壁の登攀ルート図とトラバース詳細図がカード状になって挟み込まれた、実用性と洒落っ気を併せもった本の作りになっている。初めての著作とは思えないほど文章もこなれていて読みやすい。山と溪谷社の大先輩である岩間正夫が自ら編集、デザインした本で、細部にまで神経の行き届いたとても洗練された本に仕上がっている。のちに小西は八冊の著書を

1967年2月、マッターホルン北壁冬季第3登を達成した、27歳の小西政継

著すが、この『マッターホルン北壁』は、著者も編集者も供に本づくりの思いを凝縮させせた幸せな本といえるだろう。

小西は、次の目標を冬のアイガー北壁登頂においていたが、同時にヒマラヤも想定していた。そんなときに日本山岳会からエベレスト南西壁隊への参加要請を受ける。当時未踏の八〇〇〇メートルの壁を登るには、アルプスの北壁を経験した小西の技術がどうしても必要だったのである。すでに決まっていたアイガー北壁の隊長を後輩の遠藤二郎に譲り、小西はエベレストに一九六九年の偵察隊、翌年の本隊にも登攀隊長として参加した。八〇五〇メートルまで達したものの、世界初のこの試みは失敗に終わったが、小西はこの偵察隊と本隊でかけがえのないものを手に入れた。それは、偵察隊隊長を務めた日本山岳会の宮下秀樹、田辺寿らの知遇を得たことであり、東南稜から登頂した植村直己との友情である。さらに小西は八〇〇〇メートル峰の難しさ、高所順応の大切さ、シェルパの雇用など、ヒマラヤの高所登山には欠かせないロジスティックスまでを学んだことになる。小西の学習能力の高さには定評があり、次の海外登山に必ずその経験を生かしているのである。

小西が常日頃から考えていたのは、自分たちの実力を世界レベルまで引き上げ、それを仲間たちに継承することだった。まず一九七一年二月、冬のグランド・ジョラス

1970年5月、日本山岳会のエベレスト登山隊に登攀のエキスパートとして参加。羽田空港で

北壁ウォーカー側稜に挑む。ゲストを植村も加えた六人のパーティは、荒天のなか十一日間におよぶ死闘の末、冬季第三登に成功するが、岩壁登攀に不慣れな植村をかばい続けた小西は、両足指十本と左手小指を凍傷に冒され切断するというアクシデントに見舞われてしまう。

私には忘れられない一枚の写真がある。『山と溪谷』一九八〇年三月号に載ったその写真は、小西が両手に杖を持ちながら、一人、鎌倉の浜辺を歩行訓練する姿だった。その写真には復帰への強い意志が全身からみなぎっていた。三月号から八月号まで連載され、反骨の精神をテーマに小西の半生を綴った「ヒューマン・ドキュメント　小西政継」は、ノンフィクション作家の本田靖春の筆によるものだった。本田の著書の熱心な読者でもあった私は、この連載が楽しみで、校正刷りをむさぼるようにして読んだものだ。本田のこの連載は、のちに『栄光の叛逆者』として山と溪谷社から出版された。

その連載にもあるように、小西は不死鳥のようによみがえる。一九七六年、山学同志会隊を率いてジャヌー北壁に無酸素で挑み、自らも含めて十三人が初登頂に成功する。一次隊から四次隊まで四日間にわたった難峰への登頂は、五次隊だけが悪天のた

1970年ころ、キャラバンの本社で佐藤久一朗（左）、植村直己と

めかなわなかったものの、ほぼ完璧な成功といえるだろう。

その年の秋、私は『山と溪谷』編集部へ異動となり、本格的に登山界との交流をもつようになった。しかし当然のことながら、すぐに人脈ができるわけではない。ただ、月刊誌を編集する利点は、待ったなしで著者との付き合いがはじまることだった。ちょうどジャヌーから帰ってきたころ、小西があいさつと報告を兼ねて会社を訪ねてくれた。

「小西さん、おめでとうございます。ほんとによかったですね」

「いやー、足指がないのによく登れたよ」

冗談を言いながらも、その表情は明るい。その角ばった特徴的な顔に満面の笑みが広がる。それが小西と言葉を交わした初めての出会いだったと思う。

以来、小西は、兄弟誌だった『岩と雪』編集部によく顔を出してくれていた。編集部は同じ階の隣にあり、国内の登攀記録やヒマラヤの登頂記などを中心に隔月刊で刊行されていた専門誌である。さっそく『山と溪谷』にも、登頂記を頼むことになった。

私にとっては、ジャヌー登頂を表紙の写真にもってきた一九七六年九月号が印象に残っている。ほとんど雪しか見えないが、わずかに頂上らしいピークに立つ目出帽で顔を覆っている登山家の姿である。絵柄の点からも、通常ではとても雑誌の表紙にはなり得ないものだろう。その写真には、「一九七六ネン　五ガツ　一三ニチ　一ジ四〇プンP・M・　ジャヌーチョウジョウ　ニ　タッタ　カワムラ　ハルイチ　サン」とある。三次隊の川村晴一の登頂の写真だ。なお一九七六年から二年弱、表紙モデルを川村に頼んで表紙を飾っていた。

また「JANNU SUCCESS REPORT 1976」という本も忘れがたい一冊だ。B6判一二八ページにおよぶ立派な書籍である。カラーの片観音ページがつき、全体を三部で構成。一部に登頂記、二部にキャラバン日記とルート工作記、そして三部が小西の書いた論考「攻撃せよ」という構成になっていた。

こうして隊員十三人、シェルパ三人の合計十六人がジャヌーに登頂し、大成功のうちに登山が終了した。

その四年後、一九八〇年はカンチェンジュンガ北壁である。小西はジャヌーの経験を生かし、バリエーション・ルートの北壁から、さらに未経験の八〇〇〇メートル峰を無酸素で登ることにこだわった。そして小西を除くすべての隊員が登頂に成功する。小西は自らも二次隊のメンバーとして八四〇〇メートルまで達したが、鎮痛剤の副作用のため登頂は断念せざるを得なかった。登攀の内容については、小西の著書である『北壁の七人』や本田の『栄光の叛逆者』、同じノンフィクション作家である長尾三郎の『激しすぎる夢』（ともに山と溪谷社）にも詳しく書かれている。

なおこの登山隊については、登頂報告会が一九八〇年十月七日の夜、東京・九段下の九段会館で開催されている。私も下っ端の編集部員として取材を兼ねて参加した。報告会はまず『汚れなき宝の峰』という毎日映画社が撮影した記録映画の上映にはじまり、その後、全隊員七人が壇上に上がってパネル・ディスカッション形式で進められた。三階まで入れると一〇〇〇人の収容数を誇る会場が、一階はほぼ満員の盛況だったことを覚えている。入場者の熱気が感じられるとても盛大な報告会となった。

なおその一九八〇年は、モスクワ・オリンピックを西側諸国がボイコットするなど波乱の兆しも見られたが、登山界では海外登山隊の派遣も多く、登頂の話題に湧きかえっていた。

二年後の八二年には、小西は日本山岳協会に請われて、チョゴリ（K2）登山隊に登攀隊長として参加する。未踏の北稜からの挑戦であった。このころの小西は、すでに登山界のオーガナイザーとして一目おかれる存在だった。隊員選考に関しては全権を日本山岳協会から委ねられおり、小西はオールジャパンの登山隊にするべく奔走して、日本山岳会、山学同志会、登攀クラブ蒼氷などから十二人の精鋭を選抜している。また支援隊として三十人ほどのクライマーが集められ、隊荷の輸送を担うことになった。

登山隊は八月十四日と十五日、「無酸素全員登頂」を目標にして挑んだが、未踏の北稜から七人が登頂したものの、柳沢幸弘が登頂後、ビバークしたのちに滑落、坂野俊孝ドクターがBCで写真を撮りにいったまま、遺体で発見されるというアクシデントにも見舞われた。

その翌一九八三年も、小西はかねてから計画していた山学同志会のエベレスト登山隊に加わっている。これまでの隊長職を後輩の川村に譲り、一隊員として参加して未踏の南西壁から世界最高峰の無酸素登頂を目指すという計画だった。

私には、この十月八日の日本人初のエベレスト無酸素登頂の一日が強く印象に残っている。

当時、ネパール政府はエベレストに一シーズン、一ルート、一隊の入山しか認めていなかったが、この日、三隊が同時にアタックするという通常では考えられない事態が起きていた。しかもそのうちの二隊は、山学同志会隊と吉野寛が隊長を務めるイエティ同人隊で、「日本人初の無酸素登頂」に挑んでいた。

南西壁から挑戦していた山学同志会隊は時間切れで計画を変更し、南稜沿いにサウス・コル上部に出て、イエティ同人隊の東南稜ルートと合流。サウス・コルから上部に、同志会隊の川村、鈴木昇己にシェルパ一人、イエティ同人隊の吉野、禿博信、遠藤晴行、沢上登の七人が列を作るかたちになった。しかも東南稜上に出ると、チベット側の東壁からアメリカ隊の三人も合流することになる。エベレスト登山史上初めての頂上ラッシュであろう。こうして三隊十人が前後して頂上を目指し、酸素を吸って登ったアメリカ隊の三人と無酸素の同志会隊の二人、イエティ隊の三人の合計八人が登頂した。

当の小西は、その翌日、頂上にアタックしたものの八七五〇メートルの南峰で断念、登頂はできなかった。しかし、四十四歳で無酸素登頂まであと一〇〇メートルに迫っていたのである。その体力、精神力、さらには引き返した判断力は驚異的なものであり、のちのちまで語り継がれることになる。

さらにこの年は、高橋和之が隊長を務めるカモシカ同人隊も、冬のエベレストを登るべくベースキャンプに入っていた。三つの日本人登山隊が同じベースキャンプで一堂に会していたのである。カモシカ同人隊の山田昇、尾崎隆、村上和也らも加え、それこそ当時最精鋭のヒマラヤン・クライマーたちが集まっていたのだ。しかも小西は夫人の郁子と二人の子どもも同伴して、話題に花を添えることになった。

当時は思いもよらなかったのだが、いまから思えばこのときぜひベースキャンプの取材をするべきだったと思う。これだけのクライマーが集まっていたのだから、何本かの企画、記事が作れたはずだ。話題性にはこと欠かない、絶好のチャンスだったにちがいない。しかし、このとき私は現地取材など思いもよらなかった。まだまだ経験が浅かったからであろうがほんとうに残念なことをしたと思う。

しかも八三年の日本人初のエベレスト無酸素登頂には、もうひとつ別の話題が加わった。それは十一月二十八日付の朝日新聞が「エベレスト登頂二人遭難死」というタイトルで、両隊が競って初登頂を目指した結果、二人の遭難者が出たという署名入りの記事を掲載したことだ。

「ひどい記事だ。神長さん、読んだかい」

エベレストから帰国早々に、憤懣やるかたないといった語調で小西が珍しく怒っていた。

〈取材による直接の印象からではなく、明らかに予断をもって書かれた記事なのである。吉野、禿両氏が競争心にはやって遭難したという短絡は、山を知らない一般読者にはウケるかもしれないが、もはや抗弁できない彼らを一方的に冒瀆し、同時に現代登山そのものをおとしめている〉(『岩と雪』一九八四年一〇〇号)

小西には珍しく強い調子で朝日新聞のコラムを批判している。「悲劇を生んだ先陣争い」「別隊割り込みに焦り羽毛ズボン捨て急追」という見出しも扇動的だが、小西の記事は冷静に事実を振り返り、改めるべき非はきちんと謝罪したうえで、「先陣争い」などなかったことを明らかにしている。

いずれにしても一九八三年という年は、ちょっと大げさに言えば、日本のヒマラヤ登山史上象徴的な出来事があった年として記憶されるだろう。冬のマッターホルン北壁登頂でやっと手が届いたばかりの世界のレベル。それからわずか十数年で、小西が標榜した「八〇〇〇メートル峰を、無酸素で、バリエーション・ルートから」登頂させるという目標を実現させたのである。小西こそ、日本のヒマラヤ登山を世界レベルにまで引き上げたいちばんの功労者と言えるのではないだろうか。

中高年のヒマラヤ登山

「今度、山登りにうつつをぬかしておりました私たち中年男三名は、多くの方々の御協力を得まして、『クリエイター9000』なる会社を創設いたしました」

かねてから考えていた小西の会社創設の話が具体化し、お披露目の案内が私のもとにも届いた。

一九八四年十二月四日、創立祝賀会には登山家やメーカー関係者など一〇〇人ほどが集まり、小西や川村たちが檀上で紹介されていた。クリエイター9000は、これまでの登山経験を生かして企業にアイディアを提供し、商品開発につなげようとする頭脳集団を目指していた。

登山業界との付き合いもあって、私も、展示会や新製品発表会などに、また登山隊の壮行会や報告会などになるべく顔を出し、新しい情報を集めるようにしていた。そうした会合では、たびたび小西と会う機会があった。そんなとき小西は、あまり前面に出ることはなく、大勢の出席者から離れた後ろのほうで、一人、ぽつんと立っている姿を目にすることがあった。

「小西さん、こんなところに一人でいて、どうしたんですか」

「なんだか煩わしくなることもあってね。山の世界も変わってきたみたいだし、仕方ないけどね」

ちょっと寂しそうにしている小西が気になった。ヒマラヤの最先端で頂点を体験した者だけが知る、一抹の淋しさがあったのかもしれない。そんなときに決まって、冗談とも本気ともとれる誘いかけをしてくることがあった。

「神長さん、こんどは酸素パカパカ吸って、ヒマラヤにでも行ってみないか」

こうした誘いかけを親しい何人もの人が聞いているはずだ。

ヒマラヤ登山でひとつの頂点を極めた小西は、十余年の歳月を経てヒマラヤに戻ってくる。とはいっても、先鋭的なヒマラヤ登山の第一線からはすでに退き、仕事に専念していた空白の十年間は埋めようがなかった。

そのころ、高所登山自体も大きく変わろうとしていた。一時期の熱気が潮を引くように後退し、代わって大衆化の波が押し寄せつつあった。八〇年代の後半からその萌芽がみられた公募登山隊は、九〇年代に入って歴史の一定の部分を占め、次第に定着し主流になりつつあった。さらに九五年から九六年にかけては、いまから考えると、ヒマラヤ登山のひとつの時代を象徴するような事象や事件が相次いで起きていた。当時、私は再三にわたって小西に原稿を頼んでいる。ひとつの時代を体現した先駆者として、またヒマラヤの全体像を俯瞰できる「ご意見番」として、彼に意見を求めることが多くなった。

たとえば、「中高年のヒマラヤ登頂」という特別企画を立て、自らのダウラギリ1峰登頂の思いを、「初めて経験したエグゼクティブ・ヒマラヤ登山」という原稿にまとめてもらったことがある。その最後を小西は次のように結んでいる。

〈若いときに比べると体力も気力も半減した中高年になったが、胸に宿るヒマラヤへの情熱だけは昔も今も変わっていない。残りの人生もあとわずかなので、ここ十年くらいは、毎年一回ヒマラヤ通いを続けるつもりでいる。全力をあげ山と闘う登山をめざしたい〉(『山と溪谷』一九九五年三月号)

酸素を使った一般ルートからの登頂といえば、かつての小西なら言下に否定したであろうが、登頂そのものを楽しむ五十五歳から始めた八〇〇〇メートル峰登山は、小西のみならず多くの中高年登山者に夢を与えたのもまた事実だった。実際、一九九四年には、シルバータートル登山隊という中高年の登山隊に加わり、ダウラギリ1峰に登頂している。小西にとっては、初めての八〇〇〇メートル峰登頂となった。また翌年の一九九五年には、Y・M・Sタートル倶楽部登山隊の隊長として、シシャパンマに登頂した。ちなみにYMSとは、ヤング・ミドル・シルバーの意味だという。

なおこの一九九五年という年は、人々の記憶にのちのちまで残るような大変な事件や事故が起きている。一月十七日の未明、巨大な地震が阪神地方を襲い、死者三〇〇〇人という阪神・淡路大震災が起きている。続いて三月二十日には、オウム真理教による地下鉄サリン事件が起き、死者七人、重軽傷者三〇〇人という大惨事が起こった。社会全体が騒然として落ち着きがなく、暗いニュースばかりが続いていた。登山界でも大事故が続き、十一月十日にはクーンブ山群ゴーキョ・ピークの南、パンガという村で大規模な雪崩が発生し、日本人の中高年トレッカー十三人を含む計二十五人の命を一瞬にして奪ってしまう事故が発生した。

また翌九六年五月十日には、ロブ・ホールらが率いる国際公募隊がエベレストに挑み、登頂後、C4への下山途中、ブリザードに襲われてネパール側で五人もの命が失われてしまった。田部井淳子に続き日本人女性第二登となった難波康子や実績のある著名な登山ガイドも含まれていた。この遭難は大きな反響を呼び、私たち編集部も、緊急特集「エベレスト　プレ・モンスーン」という企画を立て、十四ページにわたって取り上げた。そのなかで小西にも「八〇〇〇メートル峰と自己責任」という原稿を書いてもらっている。天候が急変して、悪天につかまり、酸素が切れて、凍死したというこのときの遭難を、初歩的なミスと断罪して、次のように記している。

〈登山は、だれがどんな登山をしようが自由である。しかし、自由の裏側には責任と義務が発生する。登山内容が厳しくなればなるほど、ましてや、八〇〇〇㍍峰の登山においては、各隊・各隊員は自己責任をきちんと自覚し、厳守することが最低限のモラルである。遭難したから助けてくれ、といった甘さは捨て去らねばならない〉（『山と渓谷』一九九六年五月号）

いかにも小西らしい論理の展開で、ヒマラヤ登山の自己責任について毅然とした口調で綴られていた。

マナスルに消えた小西

一九九六年は、日本人が初の八〇〇〇メートル峰登頂に沸いた年から四十年の節目の年にあたっていた。一九五六年五月九日、日本山岳会マナスル登山隊は、ようやく三次にわたる挑戦の末に初登頂に成功した。戦後長らく続いた閉塞状況からやっと抜け出し、日本中が歓喜に包まれた年でもあった。

そのマナスル初登頂から四十年、『山と溪谷』も一九九六年九月号で、「大衆登山の幕開けとその時代」という十七ページにもわたる特集を組んでいる。内容は、マナスルの隊員たちによる座談会、登頂者たちの寄稿、回顧録、証言など多岐にわたって構成されている。その時代がのちになっても俯瞰できるように意識しながら、私たちも力を入れて編集に当たった。そしてその「証言」というコーナーには、小西にも「僕のマナスル40周年」という原稿を頼んでいる。

〈当時の僕は17歳。ハイキングレベルだったので、マナスルはまさに雲の上のできごとで、興味の対象外のできごとだった。それから10年経ってからマナスルの価値を理解した。僕にとってのマナスルとは、山そのものよりも、この遠征にたずさわった方々との交流であり、また1969年、70年のエベレスト遠征の機会を与えてくれた大先輩たちとの思い出である〉（『山と溪谷』一九九六年九月号）

そう綴って、槇有恒や三田幸夫、田口二郎など、佐藤久一朗を通じて知り合った山の大先輩たちの名を上げている。ちなみに私も、槇とは立山・剱沢の登山研修所で、三田とは横浜の自宅で、そして田口とも鎌倉の自宅を訪ねて、当時の話を聞いている。その後、相次いで鬼籍に入られた登山界の大先輩たちだけに、直接会って話が聞けた最後の幸運な編集者となった。

そのマナスルの原稿をなんとか書き上げて、小西はバタバタと三座目の八〇〇〇メートル峰登頂を目指して旅立っていった。

しかし、登稜会の若いメンバーとともにマナスルに挑んだ小西は、九月三十日、登頂に成功したものの、下山途中の七八〇〇メートル付近でビバーク。翌十月一日午前二時三十分ごろに目撃されたのを最後に、消息を絶ってしまったのである。

その日、十月七日の夕刻、芝大門の四階にある『山と溪谷』編集部に通信社から電話があり、小西の遭難を知らせる第一報が入ってきた。当時は現在のようにメールやインターネットによって瞬時に海外登山のニュースが入ってくることはなかったが、それでも『山と溪谷』の編集部に籍をおいていると、遭難や事故を知らせる電話やファクスに驚かされることがよくあった。

「まさか、あの小西さんが遭難するなんて……」

私にはまったく信じられないことだった。八〇〇〇メートル峰の一座といっても、小西が挑んでいたマナスルは、標高が八一六三メートルと比較的低いうえに、酸素ボンベから酸素を吸いながら、しかも一般ルートからの挑戦だった。「世界を超えた」といわれる小西が、マナスルで遭難するはずがない。まず、あり得ないことだと思った。

がしかし、小西といえども「山」に挑んでいたわけで、しかもヒマラヤの八〇〇〇メートル峰に一〇〇パーセントの安全などあり得ない。まず詳しい情報を集めなくてはならないし、ことによっては追悼記事を作るために、筆者や構成も考えなくてはいけない。すでに動き出している十二月号も、大幅な差し替えが必要になるだろう。それにしても「なぜ、小西さんが……」。四階の窓から上空を仰ぐと、きれいな夕焼け空が広がっていた。呆然とその夕焼けを見つめながら、ただただ溜息をつくしかなかった。

「佐瀬さんですか。小西さんが亡くなってしまいました。とっても残念です。時間がありません。なんとか四〇〇字詰め原稿用紙十八枚程度、間に合わせてもらえませんか」

「小西さんの原稿なら仕方ないでしょう。ほんとうに残念なことをしましたね。落ち着いたら、一冊の本にしましょうよ」

アメリカで取材中のノンフィクション作家、佐瀬稔に急遽、電話で原稿を依頼した。他誌の取材中にもかかわらず、佐瀬は快諾してくれたのだ。これで追悼記事の核ができる。『岩と雪』編集長、池田常道には小西の軌跡を、小西をよく知る九人には短い寄稿をお願いした。十一月発売の十二月号は、そろそろ年末進行になって締め切りも早くなる。大急ぎで雑誌の構成を組み替え、カラーページで速報、本文ページを使って、「追悼・鉄の人　小西政継」という記事を掲載した（『山と溪谷』一九九六年十二月号）。

それにしても、と思う。小西はマナスルではとても慎重だった。「酸素吸って、シェルパつけてゆっくり登るから大丈夫」と言っていたではないか。ところが、同行するはずだったシェルパはアタック直前、仲間の友人に付き添ってもらい、結果として小西は単独での行動になってしまったという。そして事故は起きた。小西は、山は自己責任といつも言っていた。遭難騒ぎが起きると、厳しい表現で断罪することもたびたびあった。だがその厳しさの裏で、どこまでも仲間を気遣う優しい人だった。人を思いやる大様《おおよう》さがいつも感じられた。高峰登山の楽しさも難しさも、自分の年齢の限界も、酸素ボンベが切れた際に陥りやすい陥穽も、すべて知り尽くした人だった。その小西が、優しさを優先させてしまった……。

この追悼で、私は二人のノンフィクション作家に原稿を依頼している。一人は前出の佐瀬であり、もう一人は本田靖春だった。

すでに述べたが、本田は、小西の前半生を雑誌で連載し、『栄光の叛逆者』として単行本にまとめている。小西とは妙に気性が合ったという。私は本田のノンフィクションが好きで、いわゆる「吉展ちゃん誘拐事件」といわれて下町を恐怖に陥れた『誘拐』や、検察内部の抗争に巻き込まれた新聞社の実態をあばいた『不当逮捕』などを夢中になって読んだ愛読者だった。本田とは『栄光の叛逆者』に続き、今西錦司を雑誌の連載で取り上げ、『評伝　今西錦司』としてまとめてもらった思い出深い著作がある。取材時、すでに今西は病床にあったが、本田とともに何度も今西ゆかりの人たちを訪ねて京都へ通ったことが懐かしく思い出される。その本田にも追悼原稿を依頼したのだが、後の二〇〇四年十二月、糖尿病による多臓器不全で亡くなってしまった。

一方、佐瀬は、多くの登山家のノンフィクションを著していた。本書にもある『長谷川恒男　虚空の登攀者』は山と溪谷社から、山田昇を描いた『ヒマラヤを駆け抜けた男――山田昇の青春譜』は東京新聞出版局から書籍になっている。八〇年代前半には、森田勝の評伝『狼は帰らず――アルピニスト・森田勝の生と死』、『喪われた岩壁――第二次RCCの青春群像』がともに山と溪谷社から出版されていた。その佐瀬が、小西の遭難後、すぐに原稿にしたいと言ってくれた。しかし、九七年の暮れからガンに冒され、九八年五月に亡くなってしまった。私は雑誌から出版部に異動したばかりだったが、何度も世田谷の赤堤にある自宅に通い、果たせなかった小西への思いを収録した佐瀬の本づくりにかかわっていた。

〈「くたばらないぞ、年内に小西政継の本を書くぞ、ビールをぐびぐび飲んでやる〉（佐瀬稔著『残された山靴』所収の佐瀬禮「人間の尊厳」と夫・佐瀬稔の最期）

佐瀬が亡くなったのは一九九八年五月、ガンだった。

もう一人、小西を描いたノンフィクション作家がいる。

「神長さん、小西さんの評伝を本にしないか。資料なら、『精鋭たちの挽歌』を書いたときのものが多数残っている。小西さんの著作も多いし、短期間で書き上げられると思うんだ」

そう提案してくれたのが長尾三郎だった。長尾は、上温湯隆《かみおんゆ》の『サハラに死す』（編著）や加藤保男を描いた『エベレストに死す』、植村直己の『マッキンリーに死す』などの山岳・冒険ノンフィクションを著していた。私も雑誌の企画で植村を書いてもらったのが縁で、長い付き合いとなった。また雑誌でも、一九八三年十月八日の吉野寛たちのエベレスト無酸素登頂後の遭難を「精鋭たちの挽歌」というタイトルで連載、書籍にまとめて山と溪谷社から一九八九年に出版している。

こうした経緯があって、長尾は出版の話をもってきてくれたのである。

「やりましょう。企画会議にかけますから、企画が通ったら、すぐ手がけてください」

二〇〇一年になって、長尾は執筆に着手した。大量の資料が残されていた神楽坂にある長尾の仕事場へ、私も幾度となく通う日が続いた。そしてその年の八月、四六判の四五〇ページにおよぶ大著『激しすぎる夢——「鉄の男」と呼ばれた登山家・小西政継の生涯』が上梓された。しかしその長尾も、それから五年後、やはりガンで亡くなってしまった。

こうして小西と縁の深かった三人のノンフィクション作家が、それぞれに評伝や伝記を著しているのも、小西だからこそのことであろう。作家が、その人柄にほれ込み、文章に著したいと思うのは当然のことかもしれないが、山岳ノンフィクションという限られたジャンルでは稀有なことにちがいない。

そして小西自身も、『マッターホルン北壁』から『小西政継　ボクのザイル仲間たち』まで自らの登攀記も含めて八冊の書籍を著したことも、また珍しいことだった。雑誌や書籍の依頼があれば、寝る間も惜しんで執筆に打ち込んでくれた小西である。その集中力は凄まじく、原稿を書く早さも目を見張るものがあった。『マッターホルン北壁』に始まるその後の小西の著書からは、若い後輩たちへのメッセージが込められ、日本の登山界への激励のエールであることも多かった。

花のケルモカルカ

一九九六年八月二十五日——

「約一時間でケルモカルカ着。草原の花咲き乱れる素晴しいところ。今までのBCで最も素晴しい所だった。マナスルも見える（目前）BH設置。のんびりすごす」

八月二十六日——ケルモカルカ（サマ・ゴンパ）

「朝起きてすぐ一時間散歩。花が素晴しかった。朝食の日本茶もおいしい。サマ・ゴンパ訪問。なにしろ花園、平和な風景」
八月二十七日――BH↓BC↓BH
「BH（三八五〇㍍）↓BC（四八〇〇㍍）高度差一〇〇〇㍍。きつい登りを一気に登る。沢を二カ所渡る。大きな滝あり。なにしろ山より花が見事なのにびっくりする（おそらく世界一）」

マナスルに挑んだ際の、小西の日記の抜粋である。登山隊がベースホーム（BH）としたのは、サマの集落より二時間ほど登ったケルモカルカという放牧場である。小西は、そのケルモカルカの花の美しさを再三にわたって賛美していた。

そしてその一年後、小西が消息を絶ったマナスルを訪ねてみたいという郁子の話が耳に入ってきた。小西があれほど気に入っていたケルモカルカを、郁子は子どもたちを誘い、親しい友人たちも加わって十人で訪れる旅を計画していた。

八月下旬、「花のケルモカルカ」へ、マナスルのベースホームを訪ねる旅となった。

〈ケルモカルカは三八五〇㍍。この高さを感じさせず、全員元気だ。〝との〟が書いたとおりの花、花、花で、何十種類あるのか、色とりどりに見事に咲き、踏まねば歩

けないほどだ〉（『山と溪谷』一九九七年十二月号）

のちに、郁子に頼んで書いてもらった原稿にも、やはりケルモカルカの花が出てくる。

私の頭のなかにもその「ケルモカルカ」の素晴らしさが、折にふれて出てくるようになった。まだ見たことのない一面のお花畑が、空想のなかで際限なく広がってくるのである。

またなんといってもマナスルは、日本人にはゆかりの深い八〇〇〇メートル峰である。一九五四年の二次隊ではサマの集落で住民の抵抗に遭い、登山もままならなかった経緯がある。そのサマの集落と、二十年の時空の隔たりはあるものの、「花のケルモカルカ」に小西を訪ねてみよう。私にとっては、ランタン谷やエベレスト街道以来のトレッキングになるが、その思いは膨らむばかりだった。

二〇一七年九月三十日、私はカトマンズの飛行場にいた。できればゆっくり回りたかったが、仕事の関係もあって、片道はヘリコプターを使い、五日間ほどサマに滞在、帰路を自動車道の終点ソティコーラまで五泊六日のスケジュールを組んだ。サマに拠点を置き、マナスルのベースキャンプに今は亡き小西を訪ねることにした。ただし、

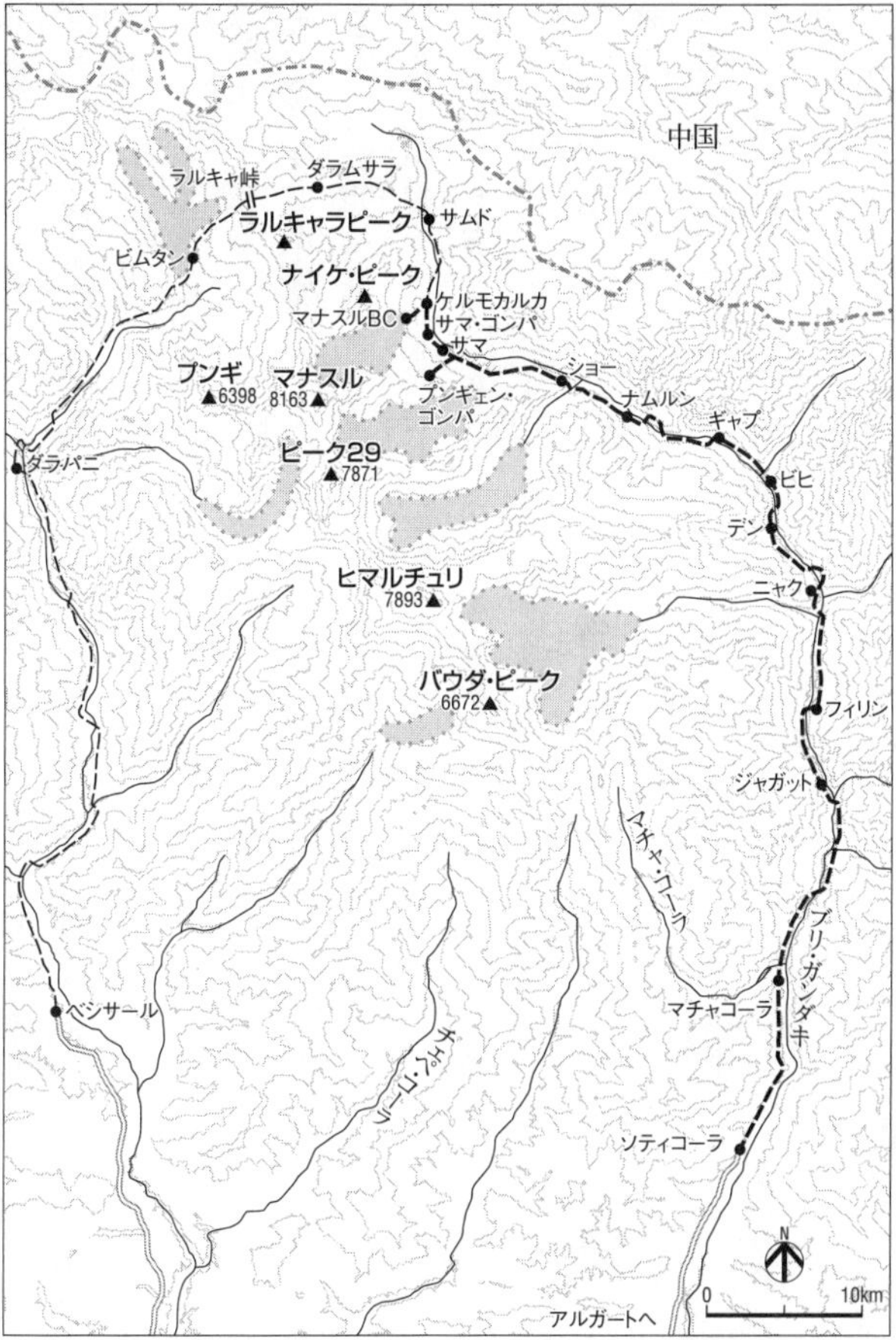
中国
ラルキャ峠
ダラムサラ
ラルキャラピーク
サムド
ビムタン
ナイケ・ピーク
ケルモカルカ
マナスルBC
サマ・ゴンパ
サマ
プンギ
6398
マナスル
8163
プンギェン・ゴンパ
ショー
ナムルン
ギャプ
ダラパニ
ピーク29
7871
ビヒ
デン
ヒマルチュリ
7893
ニャク
バウダ・ピーク
6672
フィリン
ジャガット
マチャ・コーラ
ブリ・ガンダキ
マチャコーラ
ベシサール
チェペ・コーラ
ソティコーラ
N
0
10km
アルガートへ

小西も郁子も一面に広がるお花畑に感動していたが、小西が登頂後消息を絶った九月三十日はモンスーン明けの微妙な時期で、すでに花の季節は終わっていることだろう。残念だが仕方がない。カトマンズからガイドのカジ・シェルパとポーターのダワが合流して、私たち総勢三人のトレキングがはじまる。

ローターが激しい回転音を上げながらヘリコプターは飛び立った。あっという間にカトマンズの市街が眼下に広がり、やがてブリ・ガンダキの大河を目にするようになると、一時間ほどのフライトでサマの集落に降り立った。

のどかで静かで平和な村だ。それがサマの第一印象だった。

翌朝、私たちはサマから下流へ三十分ほど下り、右手の道に入って、プンギェン・ゴンパを目指すことにした。村の小学校の先生でもあるヴィルラル・グルンというチベット人に案内してもらう。急な細い道が続くが、ルートはしっかりしている。登り切ると、ヤクが逃げないよう囲ってある柵を越え、やがて広々とした草原が現れた。そこにはいくつかのカルカ（夏小屋）が点在する。

「素晴らしい草原だね。カルカといい、ヤクや馬の放牧といい、とってもいいところだ」

「乾いた風が気持ちいいでしょ。それに正面のマナスルやピーク29の山容もなんとも

サマの集落は、昔の面影を残す静かなたたずまいだった。集落の入口に立つ仏塔

いえません」

カジが説明してくれる。

別天地のような草原の広がりだった。「カラン、カラン」というヤクのカウベルがこれほど気持ちを豊かにさせてくれるとは思わなかった。

「小西さん、とってもいい所ですよ。ここなら、のどかで心を和ませてくれますよ」

声には出さなかったが、あまりに気持ちいい草原だったので、私は思わず小西に語りかけていた。

二時間ほどかけて登ってきた草原の最奥にあるプンギェン・ゴンパは、岩に張り付くように建っていた。七〇〇年前の建立だという。せっかく訪ねてきたのだが、あいにく僧侶は留守でゴンパの周辺は閑散としていた。

「あと十分だけ登ってみましょう。〝仏の石〟があるんです」

グルンに誘われて、もう少し登ってみることにした。まず現れたのが「タテ・デヴィ」という女の神様。周辺には一〇八カ所の祈禱の場所があり、その鍵が「タテ・デヴィ」にあると伝えられている。続いて「グルサン・プチェ」という男の神様で、直径三〇センチほどの石があり、水は涸れることがないという。そしてその少し上部に、いくつもの石が円形に取り囲んでいる「パルドラ」という神がいて、あたりを霊がさ

サマ集落からプンギェン・ゴンパへ向かう途中、広々とした草原にカルカが並ぶ。のどかな光景だった

迷っているというのだ。しかし、その周辺は明るく暗さはまったく感じられない。

持参したゆで卵とジャム入りのチャパティが香ばしく、空腹にとてもおいしい昼食となった。多くの霊がさ迷っているというが、カルカの点在する明るい草原といい、深い青空に映えるマナスルの尖峰といい、そしてヤクの鳴き声とカウベルの音といい、すべてがのどかで平和で安らぎを与えてくれる所だった。

「小西さん、ここならほんとうに安らげますよ。小西さんにぴったりの場所です」

私は、小西に言葉をかけずにはいられなかった。

ひとつ肩の荷が下りたような気持ちになって、私たちはプンギェン・ゴンパを後にしてサマの集落へ帰った。

もうひとつ、私にはやらなくてはならないことが残っていた。サマの集落からあのケルモカルカを経由してベースキャンプを訪れることだ。ここのところ一日おきに天気が悪く、まだ完全にモンスーンが明け切っていないようだ。一日停滞した翌日の十月四日、私はやっと天気が回復したのを見計らって、ガイドのカジとともにマナスルのベースキャンプを目指した。

一日、歩き通せるだろうか、高度に対しての順応はできているだろうか。少しの不

岩壁に建つプンギェン・ゴンパ。多くの霊がさ迷っているように感じられた不思議な寺だった

安が頭をかすめる。サマの集落は標高三五二〇メートル、ベースキャンプは四四〇〇メートル、標高差は八〇〇メートル以上になる。体力と高度への不安はあるものの、小西が行方を絶った山なのだ。ベースキャンプでその姿を追慕することが、今回の旅の大きな目的のひとつだった。

サマの集落からブリ・ガンダキ沿いに上流のサムドを目指して出発した。河原を歩き、サムドへの分岐点を左手に入っていく。まるで北八ヶ岳の森のなかを歩いているような緩やかな登りの森が続くと、やがて広々とした草原に出た。朽ち果て、壊れかけたカルカがいくつも並んでいる。ケルモカルカだ。ちょうどベースキャンプから荷下げするためなのだろう、馬使いが数頭の馬を放して牧草を食べさせていた。

「このあたりは、カルカとしての役割を終えているんです。だから少し荒れているんでしょう」

私が「ここがケルモカルカなの」と、その荒れように不満そうな表情をしたからだろう、カジが気を回して先に答えてくれた。小西もそして妻の郁子も、あれほど賛美していたケルモカルカ。花が咲き乱れていないのは仕方ないにしても、小屋の手入れもされず、荒れるにまかせて放置されていたのは、やはり淋しい思いがする。しかし、気を取り直して考えてみれば、いまは雑草ばかりの草原かもしれないが、花の盛りを想像してみると、ここは小西が賛美したように別天地にちがいない。ぽっかりと開けた草原は空が大きく、この地の素晴らしさを物語っていた。

ケルモカルカからは高度を一気に上げていく。左手のエメラルド色の美しい氷河湖がやがて下に見えてくるようになると、ベースキャンプから大きな荷を背負った大勢のポーターたちが荷下げに下りてきた。男も女も三〇キロから四〇キロの荷物を背負っている。すべて各国から来た公募登山隊の隊荷である。登頂シーズンも終わり、隊員は先に下り、隊荷だけが地元のポーターたちに担ぎ下ろされてくる。なかにはレンジのような電化製品を背負うポーターもいた。そこまでしなくてもと、すべてにシステム化された公募登山隊に疑問すら感じてしまう。

左手、氷河をトラバースするようにして、ルートはつけられていた。登り切ると、やっとベースキャンプだった。四時間半もあれば着くと思っていたが、六時間もかかってしまった。氷河の風は冷たく、ガスが出てあまり視界がない。それでも到着したベースキャンプは、巨大な円形劇場を思わせる壮大な広がりがあった。北アルプスの涸沢を何倍も大きくしたような円形劇場。そこで音楽が奏でられるとしたら、どれほど深い音色になるのだろうか。

韓国隊のキッチンテントで働くシェルパたちが、器材の片づけに忙しそうに動き回っていた。

私はまず、そこに造られていたチョルテン（仏塔）に手を合わせた。

「小西さん、二十一年もかかってしまったけど、やっとここまで来ることができました。この山のどこかで静かに眠っていることでしょう。郁子さんもお子さんもみんな元気ですよ」

小西にはまったく涙は似合わないと思いながら、こうしてじっと手を合わせていると、やはり目頭が熱くなってくる。時の流れが遅くなり、やがて時間が止まったように感じてしまう。何分、こうしてじっとしていただろうか。

気を取り直して、カジの仲間たちの韓国隊のキッチンテントに寄せてもらう。砂糖入りの熱いコーヒーがなによりもおいしい。きっと高度の影響で少し脱水症状を起こしているのだろう。二杯お代わりして、ベースキャンプを後にした。大きな登山隊が十カ所はテントを張れるようなベースキャンプだ。いくつか回って、その大きさを実感したかったが、疲れとのどの渇きが、それを許してくれなかった。情けないことに、なにより気持ちが萎えているのだ。

小西がマナスルに登頂して消息を絶ったのは、二十一年前の一九九六年九月三十日だった。五十七歳のときである。そのとき彼は、私たちが依頼した「僕のマナスル40

マナスルのベースキャンプ。涸沢を数倍大きくしたような、巨大な円形劇場のように感じられた

周年」の原稿を書いて、八月、せわしなく日本を出発してマナスルへ向かっていった。あれから二十一年、私がそのマナスルのベースキャンプで、小西への思いを馳せる。すでに彼が消息を絶った年齢を十歳も超えてしまった。不思議な、そしてやるせない感情が湧いてくる。

最後にもう一度黙禱して、マナスルのベースキャンプを後にした。

あとはマナスルの夜明けの写真を撮れば、今回の旅の目的のすべてが終わる。これまで天気が悪くて、すっきりしたマナスルの写真が撮れていなかった。小西の命日でもある九月三十日もまた曇っていて、山容すら望むことはできなかった。

翌日はいよいよサマに別れを告げて、五泊六日、ソティコーラへ向けてトレッキングが始まる。出発の朝、未明から何度も目が覚めてしまうが、早朝四時半、ロッジの部屋から上空を仰ぎ見る。なんと満天の星空が広がっているではないか。北斗七星がひときわ鮮やかに輝いている。こんな星空を見るのは何年ぶりのことだろう。すぐにカメラとヘッドランプ、防寒具をザックに入れて、マナスルの展望台といわれる下流に開けた撮影地点を目指すことにした。

やがてマナスルの一角が鮮やかに赤く染まりはじめると、まるでなにかの儀式のよ

1956年、日本隊が初登頂したマナスル、8163メートル。世界8位の高峰である

うにゆっくりとその色が変わりはじめる。頂上部分にポツンと光が当たり、やがて金色に光り出し、赤から黄色へ色が変わる「太陽の儀式」のはじまりだ。雲ひとつない上空にマナスルがいちだんと鮮やかな輝きを放っていた。

「神長さん、こんどは酸素パカパカ吸って、ヒマラヤにでも行ってみないか」

またそんな小西の声が聞こえるような気がした。

巾着田の満開のサクラ

高麗にある小西の家には取材で何度かお邪魔したことがある。三十坪ほどの土地に一階が居間とダイニングキッチン、そして庭に面した小さなサンルーム、二階には書籍が一面に並んだ書斎をはじめ四つの和洋室。小西のお気に入りは一階のサンルームだった。

「ここが好きなんだ。太陽がさんさんと降り注いでいちばん落ち着くんだよ」

かつて取材で訪ねたときに、小西がうれしそうにそう話していた。そのサンルームに小西の姿がなくなって久しい。その後、郁子とは原稿のやり取りなどで、それほど頻繁ではないものの何年かに一回、会って話をすることがある。一九九八年末ころだったろうか、妻の郁子に執筆の依頼をすると快く応じてもらえ、九九年九月、『小西さんちの家族登山』が山と溪谷社から出版された。その後も郁子が早稲田大学の聴講生として通う学校からの帰り、たまに高田馬場で会って近況を聞くことがあった。

今回、原稿をまとめるにあたって、その高田馬場で久しぶりに郁子と会って、話を聞くことになった。二〇一六年四月十六日、駅前の小さなビジネスホテルのレストランだった。こうして小西の全体像を俯瞰して話をしてもらうのは初めてのことかもしれない。話は多岐に及んだ。一九八三年のエベレスト登山、クリエイター9000の仕事、マナスル登山、そして知人や友人の話などなど、長いインタビューとなった。

「小西がほんとうにやりたかったのは、自分の才能を生かすような仕事でした。これまでの山での経験を生かして、アイディアや企画を売る仕事。でもクリエイター9000は、残念ながらうまくいきませんでした。会社という組織を作るほうに意識がいってしまったのね。個人事務所だったらできたんですけど」

「若いころはともかく、当時の小西は、一見すると穏やかな優しい人に見えるでしょう。もちろんそうなんだけど、ごまかすことは嫌いだった。だからダメなものはダメ、はっきりしていました」

この二十年間で変わったことはありましたか、と尋ねると、次のような答えが返ってきた。

「なにも変わっていないんです。生活のスタイルはそのまんま。家の居心地がとてもよかったんでしょうね。小西への思いは、消息を絶った直後とまったく変わりがありません。いい思い出ばかりなんですよ」


郁子からは、秋のマンジュシャゲが満開のときに、ぜひ巾着田《きんちゃくだ》に来てくださいと言われていた。秋には行けなかったが、春、サクラと菜の花が満開の公園を訪れたことがある。二〇一七年四月のことだった。

その日は、久しぶりに青空の広がった麗《うらら》かな一日だった。小さな管理事務所の脇を通って土手の上を進むと、右手にはピンク色のサクラが満開に咲きほこり、左手には黄色い菜の花が一面に広がっていた。それは静かで、美しい光景だった。風が吹くと、そのピンクの花びらが一斉に舞いはじめ、音もなく散っていく。「花吹雪」とはよく言ったものである。

埼玉県日高市にある巾着田曼殊沙華公園。高麗川が蛇行して流れる形が、「きんちゃく」の形に似ているところから、巾着田と呼ばれるようになったという。秋の彼岸には約五〇〇万本のマンジュシャゲが赤いじゅうたんを敷き詰めたように咲きわたる

サクラと菜の花がとても美しかった巾着田。小西の家からすぐだった

というが、春、このサクラと菜の花の競演はこれはこれでまた見事なものだった。園内を流れる小さな清流が「チロチロ」「サラサラ」といった音を立てて流れている。ヒバリの声がなんとも平和そのものだ。

遠く見える三〇五メートルの日和田山の山麓も一斉に春の芽吹きを迎え、全山が淡い薄黄色や薄緑に萌え上がる。春ならではの、のんびりとした光景が目の前に広がっていた。

いまこうしてサクラの咲く巾着田を歩いていると、小西もいなくなってしまったことをつくづく実感させられる。優しく心配りのできる人だった。消息を絶ってもう二十一年の歳月が経つのかと、その時間の経過を思わずにはいられなかった。

小西の遭難によって、ひとつの時代が確実に終わってしまったような気がする。どうしようもない寂しさだけを残して……。

小西政継年譜

１９３８年	0歳	11月、東京都千代田区に生まれる。
１９５７年	18歳	9月、山学同志会に第5期生として入会。
１９５８年	19歳	3月、八ヶ岳集中合宿に参加。赤岳東壁センターリッジを登り、先輩たちの注目を浴びる。10月、谷川岳一ノ倉沢滝沢第一スラブ第3登。
１９５９年	20歳	1月、谷川岳一ノ倉沢衝立岩北稜を冬季初登。3月、不帰東面Ⅲ峰B尾根登攀リーダーとして、第2登。
１９６２年	23歳	夏、穂高でヘルニアにかかり、1年以上の療養生活。
１９６０年	21歳	1月、北穂高岳滝谷グレポン初登に挑むが、敗退。11月、胃に激痛を覚え入院、手術。
１９６４年	26歳	12月、山学同志会のチーフリーダーとなる。
１９６７年	28歳	2月、遠藤二郎、星野隆男とともに、マッターホルン北壁冬季第3登。
１９６８年	29歳	山学同志会代表となる。
１９６９年	30歳	秋、日本山岳会第二次エベレスト偵察隊に参加、南壁を８０００メートルまで試登。
１９７０年	31歳	5月、日本山岳会エベレスト登山隊に参加、南西壁８０５０メートルまで到達。
１９７１年	32歳	1月、グランド・ジョラス北壁ウォーカー側稜冬季第3登に成功。2月、坂石郁子と結婚。
１９７６年	37歳	5月11日、ジャヌー北壁無酸素初登頂。小西を含めた13人とシェルパ3人が頂上に立つ。
１９８０年	41歳	5月11日、カンチェンジュンガ北壁登山隊隊長として、無酸素初登頂を成功させる。
１９８２年	43歳	8月、日本山岳協会チョゴリ登山隊の登攀隊長として、チョゴリ（K2）北稜の無酸素初登攀に成功。
１９８３年	44歳	10月、山学同志会エベレスト登山隊で、南稜から東南稜のルートに無酸素で挑むが、８７５０メートルで断念。
１９８４年	45歳	12月、クリエイター９０００を設立。
１９９３年	54歳	6月、夫人とマッキンリーに挑戦、登頂する。
１９９４年	55歳	10月、シルバータートル隊に参加、ダウラギリ1峰に登頂。自身、初めての８０００メートル峰登頂となる。
１９９５年	56歳	10月、YMSタートル隊の隊長として、シシャパンマの登頂に成功する。
１９９６年	57歳	9月、登稜会隊に加わり、30日、マナスルに登頂後、下山中７８００メートル地点で行方不明となる。

あとがき

『山と溪谷』に籍をおいていると、かつては多くの登山家や著者の方たちが編集部を訪ねてくれました。そこでの交流や彼らとの知遇を得られたことは、私にとってはかけがえのない「財産」となりました。そうした折に直接会って聞ける話は、とても刺激的で示唆に富んだものでした。

しかしまた、登山や冒険を対象にした雑誌である性格上、突然の訃報に接することもたびたびありました。とくに、一九七〇年代後半から八〇年代にかけて、ヒマラヤの高所登山が隆盛を極めたころは、多くの登山家や冒険者たちがヒマラヤや極地に挑み、逝ってしまいました。死に直面した極限の地であるがゆえに、そこで生の煌めきを実感できたのかもしれませんが、不条理と敗北感にさいなまれたのもまた事実でした。

こうして本書で取り上げた六人のうち四人までが、偶然かもしれませんが、四十三歳で亡くなられました。これも不思議な暗示と符合ではないでしょうか。

そうした事故で亡くなられた登山家や冒険家の記録を、編集部での彼らとのやりとりも含めて、書き留めていた時期がありました。その際、いつも悔しく思っていたことは、現場に行けないことへのもどかしさ、諦めにも似た思いでした。著者や知人が亡くなっているのに、その場所に花を手向けることもできず、取材と想像だけで原稿を書かなくてはなりませんでした。もちろんそうした辺境といわれる地には、そう簡単には足を運べません。それでも足跡をたどることならできるかもしれないと思って、今回、彼らの痕跡を訪ねる旅をはじめました。それは「巡礼」にも似た旅でした。

六人は、登山家や冒険家、そして写真家の方たちですが、共通しているのは、未知への憧れや挑戦する気持ちが人一倍強かったということではないでしょうか。その点に私も強く共感していたし、周囲の人たちも、そしてときには時代すら後押ししてくれたはずです。

しかし、ある時期を契機にして、潮がさっとひくように時代そのものが減速していきました。それは登山や冒険の世界でも同様で、大衆化とシステム化に妙に符合しています。特に情報技術（ＩＴ）の発達は顕著なものでした。早くて便利になることは進歩といえるのでしょうが、その代わりに失うものも小さくはないと思います。結果として、自分の判断を「情報」に委ねてしまう危険性を否定できません。登山や冒険、そして文章や写真などの表現活動、つまりは「想像する力」そのものを弱めてしまうことにならないかと憂慮しています。

彼らが活躍できた時代は、ほぼ三十年前までさかのぼりますが、その間の時代の変わりようには目を見張るばかりです。そしてそれは、ますます加速されていくのでしょう。

今回、六人の冒険者たちの足跡を訪ねて、辺境といわれる地域を旅してきましたが、そこでいつも感じたのは、人と自然がうまくバランスをとりながら生きているということでした。自然は正直で、時に過酷です。だからそこに暮らす人びとは、自然を畏怖し、どこまでも謙虚で慎ましく生きていました。人と自然との調和がいかに大切か、学びの旅になりました。

本書は、志半ばで事故のために亡くなられた六人の方たちの思いや事績を顕彰したものです。山に携わってきた編集者として、『山と溪谷』とのかかわりや生前の交流などを中心にまとめました。また彼らが行動した地を訪ねて、旅の軌跡の一端にもふれました。人と自然がうまくバランスをとりながら生きる辺境の地は、固有で独自の文化を育みながらローカリズムと多様性に満ちていいました。

本書を著すうえで、多くの方たちのご支援とご協力を賜りました。とくに彼らを見守り、絶えず同志のような存在でありつづけたご家族の方たちには感謝の言葉もありません。ありがとうございました。そしていつも素敵な装丁をしていただいたブックデザイナーの小泉弘さん、また『山と溪谷』編集部や山岳図書出版部の仲間たち、ほんとにお世話になりました。ありがとうございました。

神長幹雄

二〇一八年一月吉日

解説　時代と人間への挽歌

角幡唯介

本書に登場する冒険家のなかで、私が個人的にもっとも「近さ」を感じるのは植村直己である。神長さんも触れているが、私もまたグリーンランド最北の村シオラパルクを根拠地に活動をつづけているからだ。しかも、神長さんから取材を受けたときは、自分で橇を引き、太陽の昇らない冬の暗黒の極夜世界を歩いて探検していたが、今では植村さんと同じように、十数頭の犬を使い、犬橇を走らせ氷原を旅している。まったく同じことをやっているのだから、意識しないほうがおかしい。

十年ほど前に、はじめてシオラパルクの地に足を踏み入れてから、私はどこかで自分と植村さんを比較しながら活動してきたような気がする。

私にいわせれば、植村直己は北極の課題をあらかたかたづけてしまった人だ。

近代以降の北極探検の世界には、聖杯とも呼べる、三つの大きな目標があった。北東航路の発見、北西航路の発見、そして北極点到達である。いずれも十九世紀後半から二十世紀前半に欧米の探検家によりなしとげられ、人類史的な意味は失われたが、それでも植村さんが活躍した一九七〇〜八〇年代は、世界的にもまだ成功者は少なく、挑戦する価値は十分のこされていた。その時代に彼は北極圏一万二〇〇〇キロの旅で犬橇による北西航路の踏破をなしとげ、これまた犬橇で北極点に到達し、返す刀で航空機で移動し、グリーンランド縦断まで成功させた。植村さんが北極でやらなかったのは北東航路と、あとはさらに大きな課題だった北極海横断ぐらいである。

課題を片づけただけではない。北西航路も北極点も植村さんは単独犬橇行というスタイルでやっている。犬橇の旅は、重荷を橇に乗せた状態で、思い通りに動いてくれない犬たちをあやつらなければならないため、単独だと極端に大変になる。乱氷や内陸の岩石帯で橇が止まると、動かすだけで何時間もかかる。犬橇を生活の足として使うイヌイット民族は決してひとりで長期の旅をしないが、それというのも二人いたら乗り越えられる場所もひとりでは何倍も困難になるからである。

詳しく調べたわけではないが、激しい乱氷帯や危険きわまりないリードが連続する不安定な海氷を、たったひとりで北極点まで犬橇で駆け抜けたのは、人類史上、植村さんだけではないだろうか。犬橇での旅をはじめたいまの私には、ひとりで犬橇というところに植村さんの底力をみる。

ともかく、まだ到達に価値があった時代に彼はひとりでそれをかたづけた。植村以降の北極冒険の世界は〈単独〉〈徒歩〉〈無補給〉等々、肉体的強さを証明する付加価値を掲げてスポーティブな方向で競いあうようになったが、それというのも到達そのものに意味がなくなり、新たな価値づけを掲げなければ凄さをアピールできなくなったからである。もちろん、それにより行為は困難になった。でも、どんなに大変でも、到達を目的にするかぎり、それは植村さんがやったことのバリエーションにすぎない。一番価値のある到達を彼がやってしまった以上、もう誰も植村直己を超えることはできなくなったのである。

私自身、植村さんと同じように犬橇の旅を継続しているが、でもその中身は彼とはまったくちがったものでありたい、といつも考えている。地理的な目標をめざすのではなく、極夜という異次元環境を探検の対象にしたり、狩猟しながらのいまの犬橇漂泊行も、新しい極地旅行のかたちを創造したいという思いのあらわれだ。求心力ではなく遠心力として、植村直己は私のなかで強い磁場を形成しているのだ。

彼の世代は地理的探検がまだかろうじて生きのこっていた、その最後の世代だったといえる。思えば植村さんは幸運な冒険家であった。

本書には、この、まだ冒険が冒険でありえた時代への挽歌が通奏低音として流れている。植村さんもふくめてここに登場する六人の冒険家は、いずれも、世界が、そして日本社会がまだ冒険的な到達行動を望んでいた時代の人たちである。

三大北壁冬季単独登攀に成功し、ウルタルⅡ峰に散った長谷川恒男、アラスカの自然に魅せられワタリガラスの神話を追った星野道夫、ヒマラヤを駆け抜け最強の登山家と謳われた山田昇、世界中を放浪し日本人としてはじめてひとりで歩いて北極点まで行った河野兵市、山学同志会を鉄の集団に鍛えあげジャヌー北壁で伝説をつくった小西政継。

何の因果か、学生時代に探検部に入部し、予備知識のない状態でこの世界に迷いこんだ無垢な私は、彼らの著作や評伝を読むことで冒険の狂気と純粋さを知った。そして死との境界線に接近することで生を希求しようとする姿に、薄気味の悪さと怖ろしさをおぼえた。自分でも登山をはじめると、なおいっそうのこと、彼らの行為の徹底ぶりに畏怖した。なぜ、そこまでできるのか？　いったいこわくないのか？　彼らは私にとって絶対に追いつくことのできない神々のような存在だった。そして彼らの横には常に伴走者としての神長幹雄がいたのである。

しかし彼らの時代はもう去ってしまった。いまや冒険が社会と連動し、熱気をおびることなど想像さえできない時代になっている。

冒険という行動の特殊なところは、内側と呼応して活性化し、規模を大きくしてゆく運動をとるところにある。ヒマラヤの山頂でも極点でも何でもいいが、普通は不可能と考えられるこうした極限の地点に到達するには、膨張という内側のエネルギーの爆発が必要となるのだろう。

この場合の内側とは、ひとつには冒険者本人の内側である。

通常、冒険活動は十代よりも二十代、二十代よりも三十代と年齢に比してスケールが大きくなる傾向があるが、これは冒険者本人が肉体的にも経験的にも成長をつづけ、人間的に大きくなってゆくからである。

二十代の冒険者の人間値が五十だとする。冒険者は極限的行動により、自らの限界を超えた五十五の場所をめざそうとする。五十五の場所への到達行動を繰り返すことで、三十代になると冒険者の人間値は七十へと拡大する。すると今度はそれを少し超えた八十の場所を目指そうと努力する。これを繰り返すと、四十代にさしかかる頃、冒険者の人間値は百に達し、彼はそこで百二十の場所を目指そうとする。経験し、生還することで冒険者の中身はスケールアップし、それに比例して行動も大きくなってゆく。

しかし、内側とはそれだけではない。冒険行為をスケールアップさせる内側にはもうひとつあって、それは国家や社会といった共同体の膨張だ。

ここで登場する六人が活躍した時代は、おおむね日本という国家が戦後復興を終え、高度成長からバブル経済の爛熟にさしかかった年代にあたる。いわゆる昭和のいい時代である。人口が増え、生活が豊かになり、海外渡航が自由化され、一ドル三百六十円の固定為替レートがとりのぞかれ、円高が進み、日本企業とジャパンマネーが世界を席巻《せっけん》したこの時代は、日本国民の視線もまた内側ではなく外を向いていた。生の最先端をめざす冒険家たちの行動は、いわば外へ向かおうとする日本社会の熱気の尖兵の役割も果たしていたといえる。登山団体は新聞社から多額の後援金を得て大登山隊をヒマラヤに派遣し、潤沢な予算にささえられた在京テレビ局は競うように海岸の辺境にロケ隊を派遣し、質の高いドキュメンタリーを製作した。そして人々はそれを喜んだ。

当時の冒険家たちの活動がそろいもそろって巨大指向なのは、この社会の空気感と決して無縁ではない。膨張する社会のエネルギーに背中を押されるように、冒険家たちはのこされた未踏の地を文字通り〈制覇〉しようとしたし、国民はそのドラマに高い関心をもったのである。

しかし今はどうか――。衰退を通りこして、もはや沈没という形容さえされる今の日本社会には、冒険を生みだすような熱気も素地もない。私自身、自らの活動を著作にあらわすことで、そのことをヒシヒシと感じる。

膨張というキーワードで連動していた冒険と社会の幸福な関係はいまや完全に切れてしまった。この時代に極限の場所や最果ての地をめざしても、それはただの変人による浮世離れした行動にすぎない。関心をもつ者など一部の物好きを除き、ごくわずかだ。

そのことは、誰よりも、登山と冒険の世界の証言者として長年深く携わってきた神長さん自身が痛切に感じているだろう。冒険家の横顔のなかにかならず時代背景を入れるのも、また、九十年代以降の日本社会が沈滞し、登山界、冒険界にも停滞感が漂っているとの記述がはいるのも、もう二度と冒険の時代がやってこないことを悟っているからだ。

その意味で本書には彼らが活躍した時代へのオマージュという側面が少なからずある。

もちろん時代へのオマージュだけではなく、本書はこうした膨張の時代に殉じた冒険家本人へのオマージュでもある。

言うまでもなく六人に共通するのは、志半ばで死んでしまったことである。登山や冒険に死はつきものだ。編集者として登山の専門誌に席をおく神長さんは、これまで夥しい数の訃報に接してきたにちがいないが、なかでもとりわけ大きな衝撃を受け、心のなかにかかえたものが大きかったのが、この六人の死だったのだろう。

神長さんの筆をつうじて彼らの魅力的な人柄と激しく純粋な生き様がつたわり、読む者に休む暇をあたえない。彼らは膨張の時代に行動し、膨張の時代がおわるとそれと軌を一にしてこの世を去っていったが、その生き様には冒険というせまいジャンルの時代性だけではなく、どこか、あらゆる時代のあらゆる人間に共通する普遍性、文学性も感じられる。彼らの物語を読むことで、まだ自分の手で蓋を開けていない、自らの内面の井戸底をのぞき見る思いがするのである。

いったい私たちは彼らの物語を目で追いながら、何を読まされているのだろう。

キーワードはやはりタイトルにある〈未完〉である。

彼らは未完のまま死んだ。まだやるべきことがあったのだ。植村は南極を横断できず、長谷川はウルタルに登れず、星野はワタリガラスの神話を追えず、山田は十四座に登頂できず、河野は北極から家に帰れず、小西は八〇〇〇メートル峰登山をつづけられなかった。

彼らの人生をつうじて突きつけられるのは、そもそも人間に完成などあるのだろうか？　という逆説的な問いであるような気がする。

より先へ、より困難なところへ、という冒険家の行動は、はっきり言ってしまえばきりがない。彼らの行動には終わりがないのだ。あるとしたら、それは死である。

死とは何か。それは生の完全燃焼ポイントだ。

冒険家が求めるのは、天からあたえられた自らの生を完全に、余すところなく生きることである。でもここにはじつは構造的な矛盾がある。たとえばヒマラヤの山に登って、徹底的に痛めつけられ、限界を彷徨《さまよ》いながら登頂し、かろうじて生きて帰ってくるとする。このとき登山家は死にぎりぎり近づき、そして生還したことで、きわめて切実な生の実感を得るだろう。あれが本物の登山だった、あの瞬間のために俺は生きているのだ、と思うだろう。冒険家が希求するのは、つねにこうした極限的な生の充溢である。しかし、この極限的な生の充溢は、じつは生きている以上、究極ではない。人間は生命体なのだから、もし本当に生ききり、全力を出し切り、全エネルギーを消尽《しょうじん》し、自らの身体を焼き尽くしたら、それは死ぬということだ。生きている以上、生の究極ポイントである死には到達していないのだ。

いま現在の生きている私と、生の究極ポイントである死とのあいだには距離がある。

たとえどんなに凄まじい登山、猛烈な冒険をしても、生きている以上、それは究極ではない。究極の生は死であり、そこには届いていない……。

生を余すところなく経験したいと願う冒険家は、生きている現在の自分と、生の究極ポイントである死とのあいだのこの距離を、かならず埋めようとする。だからもう一歩死に近づく。そして生還する。しかし生還している以上、死までの距離はやはりまだ残っている。前回よりは短くきざんだかもしれないが、それでもまだ残っている。そしてまた冒険に出かける。前回よりももっと先に、もっと難しい場所に——。

生きている以上、完成はありえない。それでも完成をめざし、繰り返し苦しい旅に出る彼らの姿からいったい何が読みとれるか。

それは人間の悲しさだろう。生きることの虚しさだろう。

でも悲しさや虚しさをかかえていない人間など、はたしてこの世にいるのだろうか。人は誰でも悲哀と虚無をかかえながら、それでも必死に生きている。何かに届こうとして、それを果たせないまま日々を暮らしている。彼らの生と死から見えてくるのは、こうしたあらゆる人に共通する生の本質なのである。

本書の六人のうち、四人までもが四十三歳で死んだことは示唆的だと私は思う。

肉体と経験の相関関数としての膨張は四十三歳の頃に止まり、その後は老いにむかって下降線をたどる、というのが私の持論だ。人の頂点は四十三歳である。それだけに、バブルをすぎて停滞期にはいった日本社会と同じで、四十三歳をこえてピークをすぎると、人は概して、その先にある何かに届こうと思わなくなる。内側から溢れ出るエネルギーが途絶えるため、その先へ、向こうへ、という拡大の原理ではなく、深みや妙味を行為にもとめるようになる。仮に、もっと先へ、と思えたとしても、そして実際に行動をおこしてその向こうへ冒険をつづけたとしても、中年の冒険は、膨張期にある青年の冒険とはちがって、どこか不自然で痛々しい。

だから純粋な冒険は四十三歳までの特権だ。本書に登場する冒険家は、小西政継をのぞき、いずれも何かに届こうとして、届かないまま、ピークである四十三歳（山田は三十九歳）で死んでいる。無論、望んでむかえた死ではなかったはずだ。だがピーク時に死んだことで、彼らは、人は未完のまま死ぬしかない、という生の普遍的原則を永遠に体現する存在となったのである。

『未完の巡礼』と名づけられた所以である。

（作家、探検家）

主要な参考文献

●植村直己　時代を超えた冒険家

『青春を山に賭けて』　植村直己（毎日新聞社　1971年3月）
『極北に駆ける』　植村直己（文藝春秋　1974年7月）
『北極圏一万二千キロ』　植村直己（文藝春秋　1976年9月）
『北極点グリーンランド単独行』　植村直己（文藝春秋　1978年10月）
『男にとって冒険とは何か』　植村直己（潮出版社　1981年2月）
『エベレストを越えて』　植村直己（文藝春秋　1982年7月）
『植村直己の冒険学校』　植村直己（文藝春秋　1986年8月）
『植村直己と山で一泊』　植村直己（小学館　1993年8月）
『植村直己　妻への手紙』　植村直己（文藝春秋　2002年10月）
『植村直己冒険の軌跡──どんぐり地球を駆ける』　山と溪谷社・編（山と溪谷社　1978年6月）
『遙かなるマッキンリー──植村直己の愛と冒険』　中島祥和（講談社　1984年6月）
『植村直己の冒険を考える』　本多勝一、武田文男・編（朝日新聞社　1984年11月）
『極北に消ゆ　植村直己捜索報告・追悼集』　明治大学山岳部炉辺会・編（山と溪谷社　1985年3月）
『マッキンリーに死す──植村直己の栄光と修羅』　長尾三郎（講談社　1986年2月）
『母なる自然のおっぱい』　池澤夏樹（新潮社　1992年10月）
『我が友植村直己』　廣江　研（立花書院　1995年5月）
『植村直己──夢・冒険・ロマン』（河出書房新社　2004年9月）
『ラストシーン』　小林誠子（basilico　2007年12月）
『植村直己・夢の軌跡』　湯川　豊（文藝春秋　2014年1月）

●長谷川恒男　見果てぬ夢
『北壁に舞う』　長谷川恒男（集英社　1979年5月）
『岩壁よ　おはよう』　長谷川恒男（中央公論社　1981年11月）
『北壁からのメッセージ』　長谷川恒男（民衆社　1984年5月）
『我が青春の挑戦』　堀江謙一、長谷川恒男（聖教新聞社　1984年7月）
『山に向かいて』　長谷川恒男（福武書店　1987年10月）

『豊饒のとき』　神長幹雄（私家版　1990年1月）
『長谷川恒男　虚空の登攀者』　佐瀬　稔（山と溪谷社　1994年7月）
『運命の雪稜――高峰に逝った友へのレクイエム』　神長幹雄（山と溪谷社　2000年1月）
『本多勝一　逝き去りし人々への想い』　本多勝一（講談社　2010年10月）

●星野道夫　生命へのまなざし
『アラスカ　光と風』　星野道夫（福音館書店　1995年5月）
『イニュニック』　星野道夫（新潮社　1993年12月）
『旅をする木』　星野道夫（文藝春秋　1995年8月）
『ノーザンライツ』　星野道夫（新潮社　1997年7月）
『長い旅の途上』　星野道夫（文藝春秋　1999年5月）
『星野道夫著作集　全5巻』　星野道夫（新潮社　2003年4月〜8月）
『悠久の時を旅する』　星野道夫（クレヴィス　2012年12月）
『旅をした人　星野道夫の生と死』　池澤夏樹（スイッチ・パブリッシング　2000年2月）
『終わりのない旅　星野道夫インタヴュー――原野に生命の川が流れる』　湯川　豊（スイッチ・パブリッシ

ング 2006年8月)
『星野道夫 永遠のまなざし』 小坂洋右、大山卓悠(山と溪谷社 2006年9月)
『星野道夫 風の行方を追って』 湯川 豊(新潮社 2016年7月)

●山田 昇 十四座の壁

『史上最強の登山家 山田昇』(読売新聞社 1989年9月)
『8000メートルの勇者たち』 八木原圀明(山と溪谷社 1990年5月)
『極北の烈風に死す』 遭難対策本部・編(東京新聞出版局 1990年6月)
『ヒマラヤを駆け抜けた男——山田昇の青春譜』 佐瀬 稔(東京新聞出版局 1990年9月)
『白き山河の旅人 山田昇遺稿・追悼集』 山森欣一・編(私家版 2003年3月)

●河野兵市 リーチングホーム

『北極点はブルースカイ——日本人初の780キロ単独踏破』 河野兵市(愛媛新聞社 1997年8月)
『地平線から 第八巻』 地平線会議・編(地平線会議 1990年2月)
『地平線の旅人たち』 地平線会議・編(窓社 1996年6月)
『絆——河野兵市の終わらない旅と夢』 河野順子(河出書房新社 2002年5月)
『みかん畑に帰りたかった』 埜口保男(小学館 2003年5月)
『北極男』 荻田泰永(講談社 2013年11月)

●小西政継　優しさの代償

『マッターホルン北壁』　小西政継（山と溪谷社　1968年2月）
『凍てる岩壁に魅せられて』　小西政継（毎日新聞社　1971年）
『グランドジョラス北壁』　小西政継（山と溪谷社　1971年）
『ジャヌー北壁』　小西政継（白水社　1976年）
『北壁の七人』　小西政継（山と溪谷社　1981年4月）
『山は晴天』　小西政継（中央公論社　1982年）
『砂漠と氷河の彼方に――チョゴリ登頂の全記録』　小西政継（山と溪谷社　1983年9月）
『小西政継　ボクのザイル仲間たち』　小西政継（山と溪谷社　1987年12月）
『栄光の叛逆者――小西政継の軌跡』　本田靖春（山と溪谷社　1980年12月）
『精鋭たちの挽歌』　長尾三郎（山と溪谷社　1989年11月）
『残された山靴』　佐瀬　稔（山と溪谷社　1999年6月）
『小西さんちの家族登山――妻が語る登山家・小西政継の素顔』　小西郁子（山と溪谷社　1999年9月）
『激しすぎる夢――「鉄の男」と呼ばれた登山家・小西政継の生涯』　長尾三郎（山と溪谷社　2001年8月）

＊参考文献は主要なものに限り、また雑誌や新聞を省いてあります。

本書は2018年3月発行の『未完の巡礼』（山と溪谷社）を文庫化したものです。単行本に加筆、修正して再構成しました。なお、年齢、肩書きなどは執筆当時のまま、敬称は略させていただきました。

カバー写真　星野道夫（星野道夫事務所）
本文写真
　植村直己　毎日新聞社、文藝春秋
長谷川恒男　長谷川昌美
星野道夫　星野道夫事務所
山田昇　日本山岳会、山田豊
河野兵市　河野順子
小西政継　小西郁子、宇佐美栄一
校正　山本修二
DTP・地図　千秋社

神長幹雄（かみなが・みきお）　1950年、東京生まれ。1975年、信州大学人文学部卒業。在学中休学して、2年弱、アメリカに滞在。山と溪谷社入社後は『山と溪谷』編集長、出版部長などを歴任。山岳雑誌、山岳書を編集するかたわら、多くの登山家たちと親交を結ぶ。海外取材の経験も豊富で、個人的にも60カ国以上を旅する。主な著書に『豊饒のとき』（1990年、私家版）『運命の雪稜』（2000年、山と溪谷社）『未完の巡礼』（2018年、山と溪谷社）など。共著に『日本人とエベレスト』（2020年、山と溪谷社）があり、第12回「梅棹忠夫・山と探検文学賞」を受賞。近著に編著『山は輝いていた——登る表現者たち13人の断章』（2023年、新潮文庫）がある。日本山岳会会員。

未完の巡礼　冒険者たちへのオマージュ

二〇二四年一月五日　初版第一刷発行

著　者　神長幹雄
発行人　川崎深雪
発行所　株式会社　山と溪谷社
郵便番号　一〇一―〇〇五一
東京都千代田区神田神保町一丁目一〇五番地
https://www.yamakei.co.jp/

■乱丁・落丁、及び内容に関するお問合せ先
山と溪谷社自動応答サービス　電話〇三―六七四四―一九〇〇
受付時間／十一時〜十六時（土日、祝日を除く）
メールもご利用下さい。
【乱丁・落丁】service@yamakei.co.jp
【内容】info@yamakei.co.jp
■書店・取次様からのご注文先
山と溪谷社受注センター　電話〇四八―四五八―三四五五
ファックス〇四八―四二一―〇五一三
■書店・取次様からのご注文以外のお問合せ先
eigyo@yamakei.co.jp

印刷・製本　大日本印刷株式会社
フォーマット・デザイン　岡本一宣デザイン事務所

定価はカバーに表示してあります

Printed in Japan　ISBN 978-4-635-04980-1

ヤマケイ文庫の山の本